常规公路桥梁典型
病害分析与养护对策

主编　黄官平　储晓文

ZHEJIANG UNIVERSITY PRESS
浙江大学出版社

图书在版编目(CIP)数据

常规公路桥梁典型病害分析与养护对策 /黄官平，
储晓文主编. —杭州：浙江大学出版社，2017.6
ISBN 978-7-308-16813-7

Ⅰ.①常… Ⅱ.①黄… ②储… Ⅲ.①公路桥—病害
—诊断—手册 ②公路桥—养护—手册 Ⅳ.
①U448.145.7-62

中国版本图书馆 CIP 数据核字(2017)第 075760 号

常规公路桥梁典型病害分析与养护对策
主编 黄官平 储晓文

责任编辑	吴昌雷
责任校对	陈静毅 候鉴峰
封面设计	北京春天
出版发行	浙江大学出版社
	(杭州市天目山路 148 号 邮政编码 310007)
	(网址：http://www.zjupress.com)
排 版	杭州星云光电图文制作有限公司
印 刷	杭州杭新印务有限公司
开 本	880mm×1230mm 1/32
印 张	3.375
字 数	100 千
版 印 次	2017 年 6 月第 1 版 2017 年 6 月第 1 次印刷
书 号	ISBN 978-7-308-16813-7
定 价	27.00 元

编委会名单

主编 黄官平　储晓文

编委 金　辉　高凤山　董　剑　杨林妹

　　　　蒋金跃　柯云斌　叶　展　林剑锋

　　　　吕国平　卢　光　韩　东　詹超超

　　　　刘　旭　童云锋　林辉辉

前　言

　　截至 2015 年底,杭州市共有公路桥梁 5843 座,其中,高速公路桥梁 858 座,普通国省道桥梁 579 座,农村公路桥梁 4406 座;桥梁结构形式多样,有钢管拱桥、连续箱梁、桁架拱、斜拉桥、悬索桥、石拱桥、砼梁桥等;桥梁数量每年都在增长,新型桥梁不断出现。

　　近年来,随着社会经济的飞速发展,道路交通量日益增大,车辆大型化、重型化现象日趋明显,公路桥梁运营安全面临严峻挑战。为保证桥梁处于正常工作状态,满足运营要求,同时尽可能延长桥梁的使用寿命,必须认真开展桥梁状况调查,分析桥梁的技术状况,针对病害的产生原因和后果,进行合理化分析,采取有效、先进、经济的技术措施进行桥梁养护。

　　《常规公路桥梁典型病害分析与养护对策》基于杭州市常规公路中小跨径桥梁,通过对桥梁的结构类型、受力部件、材料特性等多个方面进行分析,详细阐述了公路桥梁典型病害的类型、表现特征、产生原因及养护对策,可以给桥梁养护管理人员的工作带来极大的方便。

　　新的桥梁不断出现,新的病害也会不断出现,本书也将根据实际情况在以后各版中不断补充修订内容。由于编者水平有限,书中难免有不妥之处,望广大读者批评指正。

目　录

1 桥梁的组成与分类

1.1 桥梁的组成

桥梁组成部分的划分与桥梁结构体系有关。常见的梁式桥通常由四个基本部分构成,即由上部结构、下部结构、支座及附属设施构成。不同的桥梁结构形式不同,只是略有差异。桥梁基本组成如图 1-1 所示。

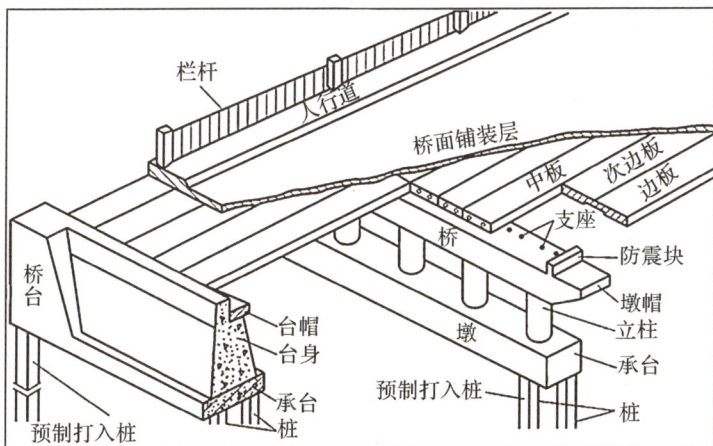

图 1-1 桥梁基本组成示意

1.1.1 上部结构

桥梁上部结构,指桥梁位于支座以上的部分。它包括桥跨结构和桥面构造两部分：前者指桥梁中直接承受桥上交通荷载的、架空的主体结构部分；后者则指为保证桥跨结构能正常使用而需要建造的桥上各种附属结构和设施。

其中，桥跨结构的形式多样：对梁桥而言，其主体结构是梁；对拱桥而言，其主体结构是拱；对悬索桥而言，其主体结构是缆。

1.1.2　下部结构

桥梁下部结构，指桥梁位于支座以下的部分，也叫支承结构。它包括桥墩（pier）、桥台（abutment）以及墩台的基础（foundation），是支承上部结构、向下传递荷载的结构物。

桥梁墩台的布置是与桥跨结构相对应的。桥台设在桥跨结构的两端，桥墩则分设在两桥台之间。

桥台除起到支承和传力作用外，还起到与路堤衔接、防止路堤滑塌的作用。为此，通常需在桥台周围设置锥体护坡。

墩台的基础是承受由上至下的全部荷载（包括交通荷载和结构重力）并将其传递给地基的结构物。它通常被埋入土层之中或建筑在基岩之上，时常需要在水中对它进行施工。

1.1.3　支座

桥梁支座，是连接桥梁上部结构和下部结构的重要结构部件。它能将桥梁上部结构的反力和变形（位移和转角）可靠地传递给桥梁下部结构，从而使结构的实际受力情况与计算的理论图式相符合。

1.1.4　附属设施

附属设施，是指公路桥的行车道铺装、伸缩装置、排水防水系统、人行道、安全带（护栏）、路缘石、栏杆、照明等。

1.2　桥梁的分类

1.2.1　按工程规模（跨径）划分

特大桥、大桥、中桥、小桥、涵洞，具体尺寸见表 1-1。

表 1-1　桥梁按跨径分类

桥梁分类	多孔跨径总长 L/m	单孔跨径 L_0/m
特大桥	$L>1000$	$L_0>150$
大桥	$100{\leqslant}L{\leqslant}1000$	$40{\leqslant}L_0{\leqslant}150$
中桥	$30<L<100$	$20{\leqslant}L_0<40$
小桥	$8{\leqslant}L{\leqslant}30$	$5{\leqslant}L_0<20$
涵洞[①]	—	$L_0<5$

注：① 对管涵和箱涵，不论孔数多少和跨径大小，均称为涵洞。

1.2.2　按桥梁用途划分

铁路桥、公路桥、公铁两用桥、人行及自行车桥、农桥等。

1.2.3　按桥跨结构所用的材料划分

钢桥、钢筋混凝土桥、预应力混凝土桥、结合桥、圬工（砖、石、素混凝土）桥、木桥等。

1.2.4　按桥梁的结构体系划分

梁桥、拱桥、悬索桥三种基本体系桥，组合体系桥。

1.2.5　按桥跨结构与桥面的相对位置体系划分

上承式桥、中承式桥、下承式桥。

1.2.6　按桥梁跨越的对象划分

跨河桥、跨谷桥、跨线桥、地道桥、立交桥、旱桥。

1.2.7　按桥梁的平面形状划分

直桥、斜桥、弯桥。

1.2.8　按桥梁的使用时间长短划分

永久性桥、临时性桥。

1.2.9　按桥梁的修建目的划分

军用桥、固定桥、开启桥。

1.3 桥梁的结构体系

1.3.1 梁桥

（1）定义：是古老的结构体系之一，梁作为梁桥的承重结构，主要是以其抗弯能力来承受外荷载的。

（2）截面形式：实腹式和空腹式。前者梁的截面形式多为 T 形、工字形和箱形等；后者指主要由拉杆、压杆、拉压杆以及连接件组成的桁架式桥跨结构。

（3）特点：常用的简支梁桥跨越能力有限，应用最为广泛，标准化程度高、造价低。

（4）结构形式：简支梁桥、悬臂梁桥、连续梁桥。

1.3.2 拱桥

（1）定义：主要承重结构是具有曲线外形的拱，在竖向荷载作用下，拱主要承受轴向压力，但也承受弯矩、剪力。支承处不仅有竖向反力，也承受较大的水平推力。

（2）划分：按静力体系分为单铰拱、双铰拱、三铰拱和无铰拱。

（3）特点：施工难度大，受力复杂，对地基要求高。

1.3.3 悬索桥

（1）定义：主要由索、塔、锚碇、加劲梁等组成。

（2）特点：跨越能力大，结构刚度不足。

1.3.4 组合体系

组合体系指承重结构采用两种基本结构体系，或一种基本体系与某些构件组合在一起的桥。在两种基本结构系统中，梁结构是其中一种。

1. 刚构桥

（1）定义：指梁与立柱（或称为墩柱）刚性连接的桥梁。

（2）特点：立柱有相当大的抗弯刚度，柱底约束处既有竖向反力,也有水平反力,故可分担梁部跨中正弯矩,达到降低梁高、增大桥下净空的目的。

（3）形式:T形刚构桥、斜腿刚构桥、连续刚构桥。

2.梁、拱组合体系桥

（1）定义:同时具备梁的受弯和拱的承压特点的组合体系桥。

（2）特点:利用梁部受拉来承受和抵消拱在竖向荷载下产生的水平推力。

3.斜拉桥

（1）定义:由塔、梁、斜索组成的组合体系桥。

（2）特点:跨越能力较大,刚度小,结构形式多样,造型优美壮观。

2 上部结构的典型病害分析与养护对策

2.1 空心板简支梁桥

装配式空心板桥,是中小跨径的常用桥梁,空心单板预制安装,板与板之间通过铰缝构造进行连接,再浇筑整体式钢筋混凝土现浇层或再加铺一层沥青混凝土铺装层而成。装配式空心板采用横向铰接连接,即视铰缝只能传递剪切力,不传递弯矩。铰缝是保证空心板在汽车荷载作用下各块板共同参与受力的一个重要构造。铰缝的构造又分为小铰缝和大铰缝,小铰缝构造偏小,在重载交通的作用下,极易损坏,在运营一段时间后,易出现单板受力现象。空心板简支梁桥结构如图 2-1 所示。

图 2-1 空心板简支梁桥结构图解

空心板简支梁桥常见病害有空心板跨中弯曲裂缝、空心板板底纵向裂缝、空心板腹板斜向裂缝和竖向裂缝、空心板单板受力以及耐久性病害等,其中单板受力是最典型也是最危险的状态。

2.1.1 空心板跨中弯曲裂缝

病害特征

如图 2-2、图 2-3 所示的裂缝称为弯曲裂缝。这类裂缝一般在梁(板)跨中,即 $\frac{1}{4}L\sim\frac{3}{4}L$ 附近产生。在梁(板)的侧面,这类裂缝往往从梁板的受拉区边缘,沿与主筋垂直的方向竖直延伸,通常在两条延伸较长的裂缝间有数条较短的裂缝。这种裂缝宽度一般为 0.03~0.2mm,板的裂缝宽度一般略小于 T 梁的,裂缝的间距一般为 0.05~0.3m。

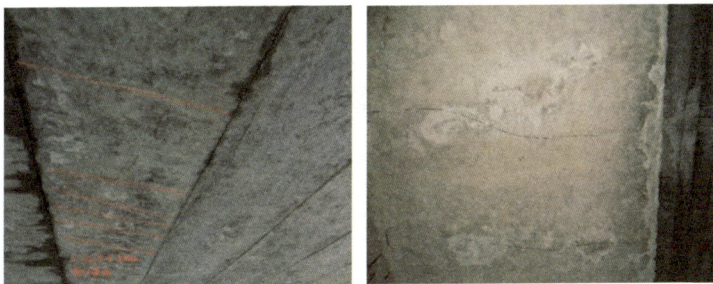

图 2-2　板底受拉区的弯曲裂缝

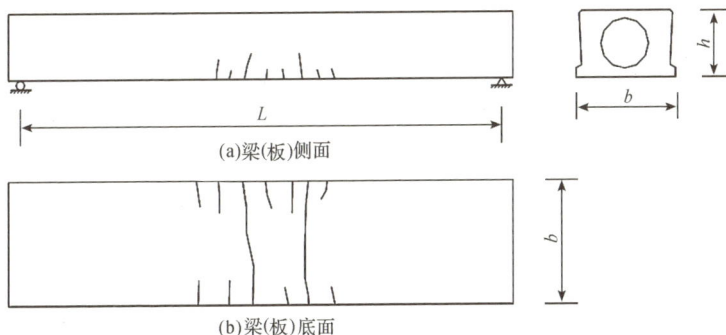

(a)梁(板)侧面

(b)梁(板)底面

图 2-3　梁(板)受拉区的弯曲裂缝示意

在梁板的底面,这类裂缝也会沿着与主筋垂直的方向发生,特别是对于空心板,裂缝宽度一般为 $0.03\sim0.25$mm。总体来说,这种裂缝主要出现在板的底面。

产生原因

这类裂缝主要是由弯曲拉应力超出混凝土极限抗拉强度引起的。

(1)重车超载造成梁板荷载效应增大,超出梁板的设计承载力,造成开裂。

(2)普通钢筋混凝土正常受力引起开裂。一般这类构件容许开裂,只要裂缝宽不超限值即可。

养护对策

一般认为,只要这类裂缝在梁(板)侧面延伸不到截面中性轴位置,这类裂缝的宽度在荷载作用下的变化就不大,也就比较稳定。所以,只要最大裂缝宽度不超过限值,即认为此种裂缝对结构当前的承载能力影响不大,但对结构耐久性有影响。

(1)对于缝宽大于 0.15mm 的梁(板)均先进行裂缝灌注处理,然后在板底粘贴纵向钢板或者碳纤维布加固补强,提高承载力。

(2)对于缝宽小于等于 0.15mm 的裂缝只需进行裂缝封闭处理即可。

2.1.2 空心板板底纵向裂缝

病害特征

如图 2-4 所示,沿着板底顺桥向出现纵向开裂的裂缝为纵向裂缝。

图 2-4　空心板板底纵向裂缝

产生原因

(1)预应力构造引起的裂缝:预应力管道保护层太薄,张拉预应力钢绞线后,在该薄弱位置出现较大的横向拉应力,使混凝土开裂,从而形成纵向裂缝。

(2)主筋锈胀引起的裂缝:纵向主筋由于保护层不足,出现锈胀,导致混凝土开裂。

养护对策

(1)预应力构造引起的裂缝。

①对于缝宽大于 0.15mm 的梁板均先进行裂缝灌注处理,然后在板底粘贴横向钢板或者碳纤维布加固补强,提高承载力。

②对于缝宽小于等于 0.15mm 的裂缝只需进行裂缝封闭处理即可。

(2)主筋锈胀引起的裂缝。

①对于主筋锈蚀严重的主梁应进行更换。

②对于主筋锈蚀不严重的主梁应凿除松散的混凝土,进行钢筋除锈、防锈,然后采用高强混凝土恢复保护层,视情况粘贴钢板或者碳纤维布加固补强。

2.1.3 空心板腹板斜向裂缝

病害特征

普通钢筋混凝土空心板梁端时常出现斜向裂缝(见图2-5)。这类裂缝通常表现为两种形态:一种为中间宽两端细,呈枣核状,与梁体顺桥向成 45° 夹角,为腹剪斜裂缝;另外一种为上细下宽,由竖向裂缝引伸而成的斜向裂缝,裂缝从主应力轨迹图上看,在剪弯区段截面的下边缘,主拉应力还是在水平方向,为弯剪斜裂缝。

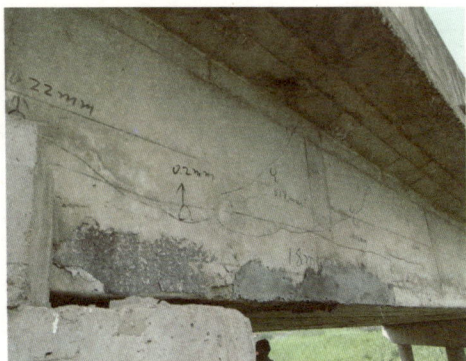

图 2-5 空心板腹板斜向裂缝

产生原因

梁端斜裂缝是由空心板梁梁端抗剪能力不足所致的。

养护对策

裂缝宽度不超过规范规定的限值时,进行封闭裂缝处理即可;若裂缝宽度超过规范规定的限值,应对梁端腹板进行加固,以提高其抗剪承载能力,通常采用粘贴钢板或梁端增大截面法加固。

2.1.4 空心板腹板竖向裂缝

病害特征

普通钢筋混凝土空心板梁跨中腹板经常会出现竖向裂缝(见图 2-6),裂缝呈枣核形状,即两端细、中间粗,是典型的收缩裂缝。裂缝下端细是由于空心板梁底部配筋量大,上端细是由于裂缝逐渐延伸至受压区而消失,中间粗是由于腹板侧面中部纵向配筋较少,混凝土收缩而使缝宽加大。

值得注意的是,部分空心板梁腹板竖向收缩裂缝下端经常与梁底横向裂缝重合,容易造成将收缩裂缝的长度误判为横向裂缝开裂高度。遇到这种情况时,应根据裂缝梁底横缝的宽度和跨中挠度变化加以区分。

图 2-6　空心板腹板竖向裂缝

产生原因

在施工中,由于模板限制腹板混凝土收缩,导致混凝土受拉,加之腹板水平配筋量少,导致混凝土开裂。其形成机理如图 2-7 所示。

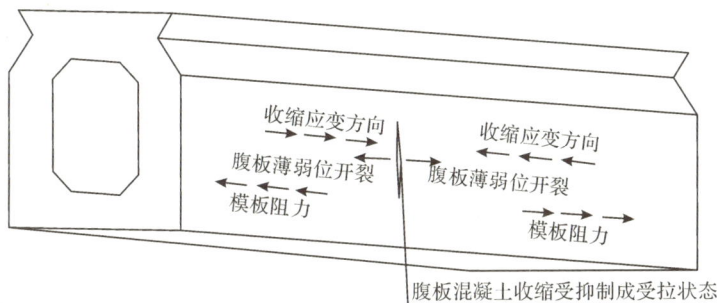

图 2-7　收缩引起的梁腹板竖向裂缝形成机理

养护对策

空心板梁竖向收缩裂缝不影响结构承载能力,仅影响耐久性,只需进行裂缝封闭处理即可。

2.1.5　空心板单板受力

病害特征

空心板单板受力指在公路桥梁的梁板式桥中,由于板间铰缝被剪断,造成车辆通过时的荷载不能通过铰缝进行传递,桥所受

荷载只能由单个梁板承受,而形成的一种桥梁病害。主要表现形式为:

(1)重车通过时,梁板挠度过大,影响桥梁安全(见图 2-8)。

(2)铰缝破损、渗水(见图 2-9)。

(3)桥面铺装层产生纵向裂缝(见图 2-10、图 2-11)。

图 2-8　空心板相对下挠

图 2-9　空心板铰缝全长渗水

图 2-10　桥面纵向裂缝(一)

图 2-11　桥面纵向裂缝(二)

产生原因

梁板产生单板受力的原因主要从以下三方面分析。

(1)设计方面的原因:车辆超载是产生单板受力的主要原因。但从设计角度来看,为什么在已出现单板受力的桥梁中,预制空心板顶板被压碎的情况却极少发生?这至少说明铰缝部位在设计方面的安全储备远低于顶板的。目前常用的预制板设计,一般都存在以下缺憾：

①铰缝的形式不够合理。例如梁端一定范围内的铰缝宽度只有1cm,再加上梁板预制和安装就位时的误差,使得铰缝的浇注质量难以保障。另外,在跨中部位的铰缝形式也不尽合理,其抗剪效率不够理想。

②设计中没有考虑铰缝混凝土自身的收缩作用,没有足够重视新旧混凝土间黏结力的弱化作用。

③铰缝钢筋布置太少,顶板连接钢板抗力不足。

④铰缝设计理论不够完善,难以真实体现梁板间的实际受力状况。从荷载的横向分配理论可知,设计理论是按铰接形式对单个荷载按影响线分配的,但实际受力却介于铰接与刚接之间,制约因素与铰缝的断面形式和施工质量有关。

(2)施工方面的原因:预制梁板的单板受力与施工质量有着密切的关系,因为在同一条路线上、同一种结构形式的桥梁,有的发生单板受力,有的却没有发生,便足以说明这一问题。在施工时一般应注意如下几个问题：

①预制板侧面应认真凿毛,并仔细清除由于凿毛而产生的松动混凝土块,以增强新旧混凝土间的黏结和抗剪能力。

②浇注铰缝混凝土前,应对梁体侧面进行洒水湿润,以保证新旧混凝土间的良好结合。

③务必灌满振实铰缝混凝土,并进行必要的养护。

④最好能够使用防收缩或微膨胀水泥浇注铰缝混凝土。

⑤梁板吊装时,要密切关注支座受力的均衡性,切忌支座悬空。

⑥铰缝混凝土未达到设计强度前,严禁在桥上行驶车辆等重型荷载,以免使铰缝产生内伤。

(3)其他方面的原因:如重车超载、桥面日常养护不到位以及支座脱空等。

养护对策

空心板形成单板受力后,单板所承受的荷载大大增加,在重车作用下,出现各种病害,严重的可导致梁板端部剪切断裂或跨

中弯曲破坏。所以一旦梁板有单板受力现象,必须及时处治,主要养护对策有:

(1)更换桥面铺装层,凿除松散的铰缝混凝土,在铰缝两侧横向植筋或者粘贴横向钢板,加强横向连接。

(2)增大桥面铺装层厚度及加强钢筋布置,建议设置双层D10钢筋网片,混凝土浇筑厚度不小于12cm。

(3)梁板底部增加横向连接,改善荷载横向分布,提高梁板的整体承载力。

2.1.6 空心板耐久性病害

病害特征

空心板耐久性病害主要有梁板钢筋锈胀、混凝土剥落(见图2-12)和混凝土破损、缺角(见图2-13)。

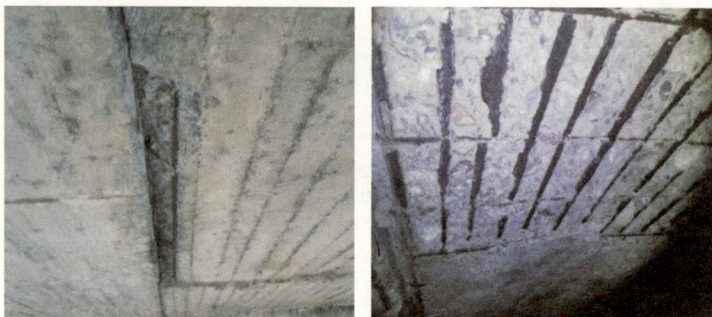

图 2-12 板底钢筋锈胀、混凝土剥落

图 2-13 梁板边角混凝土破损、缺角

产生原因

（1）梁板钢筋锈胀、混凝土剥落主要原因为：混凝土保护层不足，在周围环境作用下产生钢筋锈蚀，钢筋锈胀导致表面混凝土剥落。

（2）梁板边角混凝土破损、缺角主要原因为：桥下通行车辆超高，车辆顶部长时间刮擦梁板导致混凝土破损、缺角。

养护对策

（1）当主筋锈蚀严重，混凝土大面积剥落时，梁板承载力降低，应考虑及时更换梁板。

（2）当钢筋锈蚀不严重时，建议先凿除周边疏松混凝土，对外露锈蚀的钢筋进行除锈、防锈处理，再采用高强混凝土恢复保护层（见图 2-14）。

（3）混凝土破损、缺角可以采用高强混凝土修补（见图 2-15）。

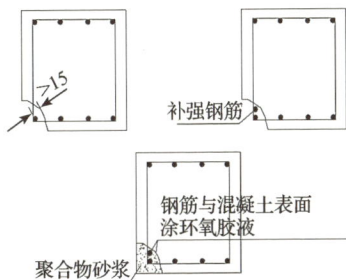

补强钢筋

钢筋与混凝土表面
涂环氧胶液

聚合物砂浆

图 2-14　混凝土破损修复示意

图 2-15　混凝土破损、缺角修补

2.2　T 形简支梁桥

T 梁结构，一般先预制，然后通过横隔板以及现浇 20cm 左右的翼缘板湿接缝进行连接，形成整体，再进行钢筋混凝土桥面铺装。

T 梁由于采用梁格体系，梁高较高，具有刚度大、受力明确等特点，只要横隔板连接可靠，T 梁结构就具有较好的工作性能。近年来通过病害调查，T 梁病害明显少于空心板桥梁，只是对桥下净空要求较高。目前常见的 T 梁跨径都在 25m 以上。T 形简支梁桥结构如图 2-16 所示。

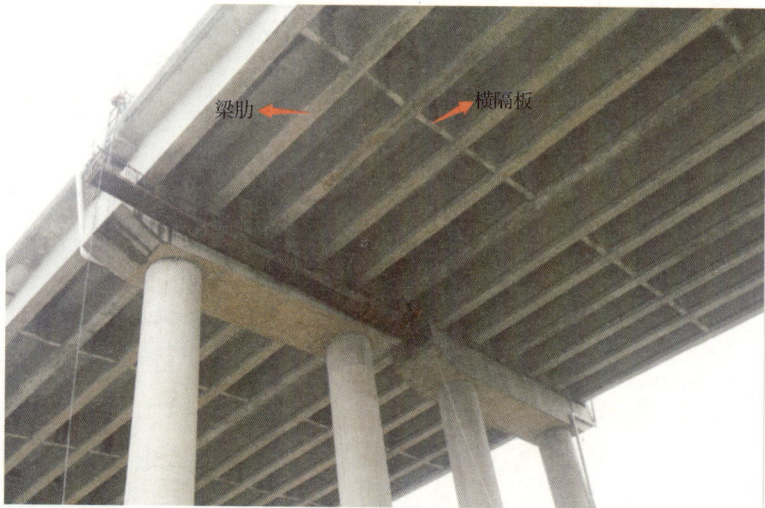

图 2-16　T 形简支梁桥结构图

T 形简支梁桥常见的病害有：T 梁腹板斜向裂缝、T 梁腹板竖向裂缝、T 梁底部横向裂缝等。

2.2.1　T 梁腹板斜向裂缝

病害特征

T 梁腹板斜向裂缝主要表现形式有两种：弯剪裂缝和腹剪裂缝。

（1）弯剪裂缝（见图 2-17）。它是从竖向弯曲裂缝上发展的斜裂缝，一般与梁轴线成 $30°\sim45°$ 夹角。这类裂缝往往只有少数几条，裂缝宽度为 $0.2\sim0.3$mm，一般位于 $\frac{1}{4}$ 跨长附近。

（2）腹剪裂缝（见图 2-18）。它是钢筋混凝土 T 形梁和箱梁最常见的斜裂缝形态之一，但在板梁中很少见到。这类裂缝一般在支点附近至 $\frac{1}{4}$ 跨长范围内发生。在梁的腹板侧面上，裂缝延伸方向与梁纵向成 $45°\sim60°$ 的夹角。裂缝宽度一般为 $0.1\sim0.3$mm。腹剪裂缝通常有数条，裂缝间距为 $0.5\sim1.0$m。

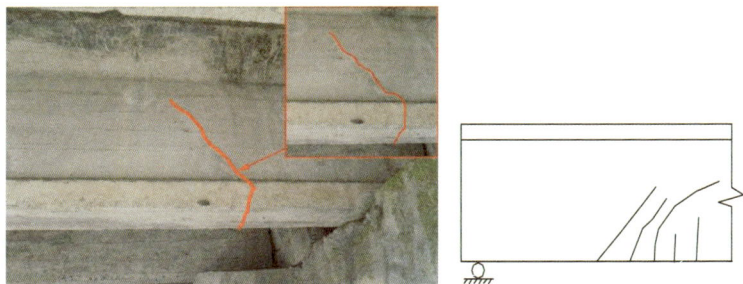

图 2-17　T 梁腹板斜向裂缝(弯剪裂缝)

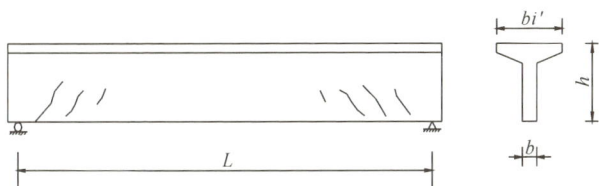

图 2-18　T 梁腹板斜向裂缝(腹剪裂缝)

产生原因

(1)弯剪裂缝:这类裂缝发生在弯矩和剪力都较大的部位,拉应力超过了混凝土弯拉强度,首先出现了弯曲裂缝。随着荷载增加,这种向上延伸的裂缝由于受到剪力影响而发生倾斜。

(2)腹剪裂缝:这类裂缝产生的原因是在荷载作用下,在靠近支点的部位,剪力大而且又有一定的弯矩存在,主拉应力超过混凝土抗拉强度 ,在梁腹板中出现腹剪裂缝。在较大的荷载作用下,这类裂缝的宽度会有所增大,但只要在斜裂缝的限定宽度之内,裂缝上下延伸的长度就不会有较大变化。

养护对策

裂缝宽度不超过规范规定的限值时,进行封闭裂缝处理即可;若裂缝宽度超过规范规定的限值,应对梁端腹板进行加固,以提高其抗剪承载能力,通常采用粘贴钢板或梁端增大截面法加固。

2.2.2 T梁腹板竖向裂缝

病害特征

腹板竖向裂缝(见图2-19)多见于高度较大的钢筋混凝土T形梁、Ⅱ型梁和箱梁腹上。裂缝位于腹板$\frac{1}{2}$梁高处,裂缝的下端达不到梁的受拉区边缘。裂缝在腹板半梁高附近宽度较大,一般为0.2~0.5mm,严重者可达0.8mm。裂缝上下端的宽度较小,裂缝的间距无一定规律。这类裂缝在梁跨间各部分都可能存在。在梁的跨中附近,这类裂缝大致与主筋垂直,而在梁的支点与$\frac{1}{4}$跨长之间,裂缝大致与梁轴线成60°的角度。裂缝如图2-20所示。

图2-19　T梁腹板竖向裂缝

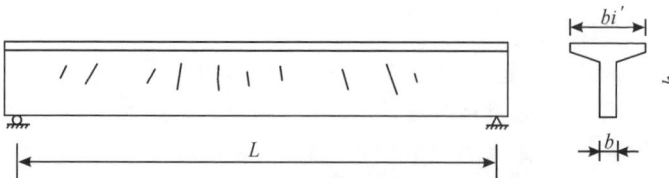

图2-20　T梁腹板竖向裂缝示意

产生原因

竖向裂缝主要是由于浇筑过程中梁体混凝土不均匀收缩产生的。当然，也有荷载因素，如果没有荷载因素，裂缝与梁轴线大体上是垂直的。其成因分析如图2-21所示。

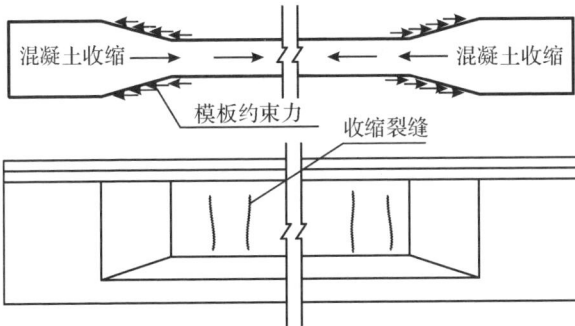

图 2-21　T 梁腹板竖向裂缝成因分析

养护对策

T 梁腹板竖向收缩裂缝不影响结构承载能力，仅影响耐久性，对于缝宽大于 0.15mm 的裂缝进行灌注处理，对于缝宽小于等于 0.15mm 的裂缝只需进行裂缝封闭处理即可。

2.2.3　T 梁底部横向裂缝

病害特征

T 梁底部横向裂缝（见图 2-22）主要分布于跨的 $\frac{1}{4}L \sim \frac{3}{4}L$ 处，通常会延伸至侧面。

产生原因

T 梁底部出现横向裂缝，说明梁底混凝土拉应力超出混凝土极限抗拉强度。

(1)对于普通的钢筋混凝土结构，理论上容许开裂，但缝宽不能超出规范要求。

(2)对于预应力混凝土结构，应安排特殊检查，对结构承载能力进行评估。

图 2-22　T 梁底部横向裂缝

养护对策

（1）对于普通的钢筋混凝土结构，应根据裂缝宽度及间距确定维修方案。

①当裂缝宽度在限值内时，直接进行封闭处理，并加强观测。

②当裂缝宽度超过限值时，应及时加固，可采取的措施有在梁底粘贴碳纤维布、粘贴钢板，施加体外预应力加固等。

（2）对于预应力混凝土结构，应先及时处理裂缝，然后粘贴钢板、碳纤维布或者施加体外预应力进行加固补强，提高承载能力。

2.3　预应力连续箱梁

两跨或两跨以上连续的梁桥，属于超静定体系。连续梁在恒活载作用下，产生的支点负弯矩对跨中正弯矩有卸载的作用，使内力状态比较均匀合理，因而梁高可以减小，由此可以增大桥下净空，节省材料，且使桥的刚度大，整体性好，超载能力大，安全度高，桥面伸缩缝少，并且因为跨中截面的弯矩减小，使得桥跨可以增大。

变截面连续箱梁属于连续箱梁中的一类,一般采用悬臂浇筑施工,其配筋形式经历了很多阶段,但是问题最多的是 20 世纪 90 年代中期至 21 世纪第一个十年中期修建的桥梁。当时的设计采用了取消下弯束,使其过度依靠竖向预应力进行抗剪的理念,导致了较多的问题。

预应力变截面连续箱梁常见的病害有梁底横向裂缝、顶板纵向裂缝以及支点附近的腹板斜向裂缝等。

2.3.1　预应力连续箱梁底部横向裂缝

病害特征

预应力连续箱梁底部横向裂缝主要分为两种:

(1)裂缝发生在钢筋混凝土连续梁的跨中区段,常常伴随出现腹板上的竖向弯曲裂缝(见图 2-23);

(2)裂缝出现在节段施工的预应力混凝土连续箱梁的相邻节段之间的接缝附近(见图 2-24)。

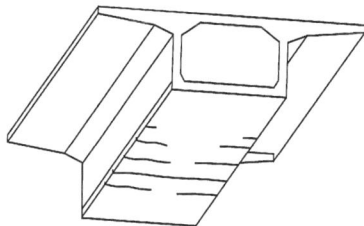

图 2-23　梁底横向裂缝　　　图 2-24　连接段位置横向裂缝

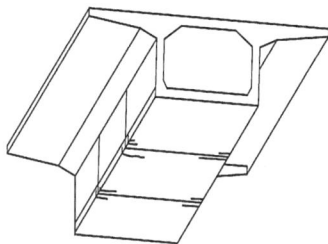

产生原因

(1)对于跨中底部的横向裂缝,造成的原因可能有以下几个方面:

①徐变等造成预应力损失,导致预压力减少。

②施工造成的混凝土超方,导致内力大于设计值。

③超载车辆作用,导致开裂。

(2)预应力混凝土箱梁节段接缝附近的底板裂缝,是由波纹管走形引起的,对箱梁结构受力影响不大。

养护对策

荷载引起的横向裂缝与弯矩关系如图 2-25 所示,根据计算结果和裂缝开展情况,采用粘贴钢板和碳纤维布,或者采用施加体外预应力加固。

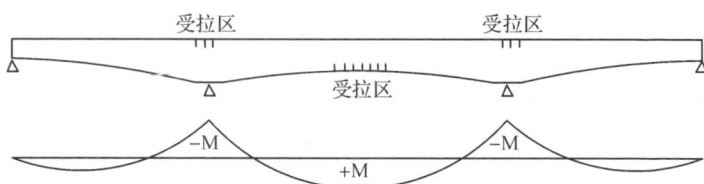

图 2-25　横向裂缝与弯矩关系

2.3.2　预应力连续箱梁顶板纵向裂缝

病害特征

预应力混凝土箱梁顶板下表面沿箱梁跨径方向的纵向裂缝(见图 2-26)。

产生原因

在车轮作用下,顶板产生横向弯曲应力,当横向配筋不足时形成裂缝,纵向开裂。

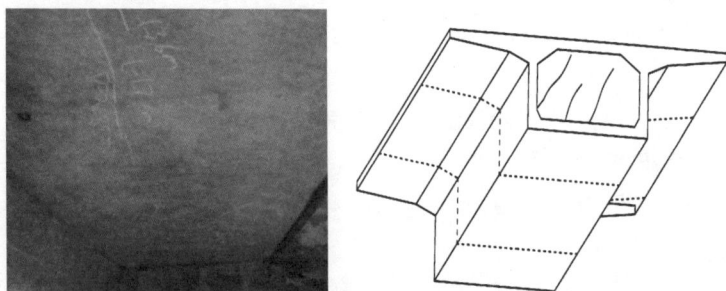

图 2-26　箱梁顶板纵向裂缝

养护对策

裂缝不宽时,采用封闭裂缝处理即可;当裂缝较宽时,有必要进行车轮作用下的顶板横向受力验算,当承载能力不够时,可以用横向粘贴钢板加固。

2.3.3　预应力连续箱梁腹板斜向裂缝

病害特征

支座附近的箱梁腹板出现斜向裂缝,裂缝大致与水平方向呈30°~60°角(见图 2-27)。

产生原因

斜向开裂表明抗剪能力弱,主要有以下几个方面原因:

(1)20 世纪 90 年代建设的连续梁,腹板设计厚度偏小,同时箍筋配置过少,没有设置抗剪的弯起预应力钢束,普通钢筋配置过少,导致结构抗剪薄弱,抗剪能力不足。

(2)设计时过多考虑竖向预应力钢筋作用,而实际上,由于竖向预应力钢筋较难张拉,加上施工张拉控制不严,造成预应力损失很大,与设计值差距巨大,这样造成支点位置腹板极易开裂。

(3)中墩沉降引起端部附加内力,造成剪切开裂。

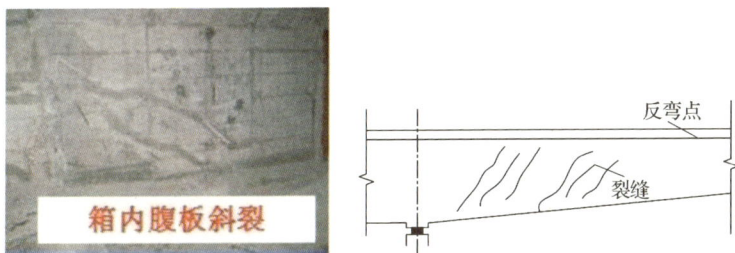

图 2-27　箱梁腹板斜向裂缝

养护对策

对于支点附近的腹板出现斜向裂缝的情况,先要查看设计图和竣工图,并进行验算,验算时应忽略竖向预应力的抗剪作用,同时既要验算应力,也要进行抗剪的承载能力的验算。

根据验算的结果进行加固设计:

(1)当承载能力满足要求,抗裂验算不能满足时,建议粘贴钢板或施加体外预应力加固。

（2）当承载能力验算不满足规范要求时，建议增大截面加固，必要时增设体外预应力。

（3）当主梁剪切开裂是由沉降引起时，应监控基础沉降情况，如果基础沉降不稳定，发展迅速，应同时对基础进行加固。

2.4　板式拱桥

拱桥是我国公路上使用广泛且历史悠久的一种桥梁结构形式。它外形宏伟壮观，且经久耐用。拱桥与梁桥不仅在外形上不同，而且在受力性能上有着本质的区别。梁式桥梁在竖向荷载作用下，梁体内主要产生弯矩，且在支承处产生竖向支反力；而拱式桥梁在竖向荷载作用下，支承处不仅有竖向反力，还有水平推力。由于这个水平推力，使拱体内的弯矩大为减少。主拱的横截面是整块的实体矩形截面的拱桥称为板式拱桥，其结构如图 2-28 所示。板式拱桥是最古老的拱桥型式，由于它构造简单，施工方便，至今仍在使用。

板式拱桥常见的病害有：拱顶下挠，拱轴线变形，主拱圈开裂，拱图圈渗水等。

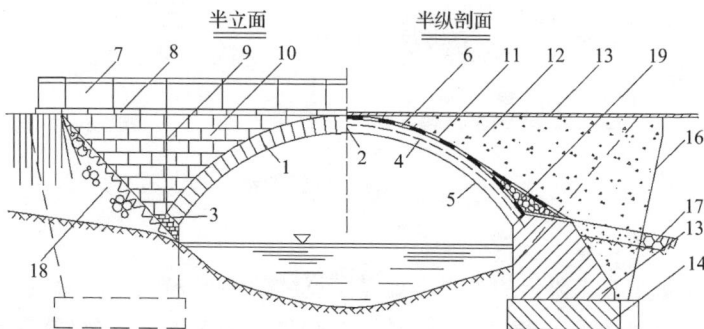

1. 拱圈　2. 拱顶　3. 拱脚　4. 拱轴线　5. 拱腹（曲线）　6. 拱背（曲线）　7. 栏杆
8. 人行道（块石）　9. 伸缩缝　10. 侧墙　11. 防水层　12. 拱腔填料　13. 桥面铺装
14. 桥台台身　15. 桥台基础　16. 桥台翼墙　17. 盲沟　18. 护坡　19. 护拱

图 2-28　板式拱桥结构图解

2.4.1 板拱拱顶下挠、变形严重

病害特征

拱圈(特别是拱顶区段)出现明显的下挠,主拱圈不再是一条圆滑的曲线,而是呈波浪形,一般伴有拱顶拱圈横向开裂等病害(见图 2-29、图 2-30)。

图 2-29 主拱圈下挠,变形严重   图 2-30 拱顶砌缝开裂

产生原因

(1)由拱脚过大的水平位移导致。当拱脚产生较大水平位移的时候,拱轴各截面均会出现一定的下沉,其中拱顶下沉最突出,出现桥梁波浪形变形的情况,同时,将在拱肋产生较大的附加弯矩,导致拱肋开裂。

(2)重载交通作用下,导致拱肋出现结构性破坏,出现下挠。

养护对策

对于圬工拱桥而言,拱顶下挠是一种危险的信号,需要及时处理,下挠过大建议拆除重建。

2.4.2 板拱主拱圈纵向开裂

病害特征

圬工拱桥易出现纵向裂缝,从裂缝的扩展形式来看有两种:

(1)从拱脚处由下向上发展到拱圈的纵向裂缝,常伴有墩、台帽或帽梁纵向裂缝(见图 2-31)。

（2）自拱顶向拱脚逐渐延伸的裂缝（见图 2-32）。

图 2-31　主拱圈纵向裂缝（一）　　　　图 2-32　主拱圈纵向裂缝（二）

产生原因

圬工拱圈是比较松散的结构，横向整体性较差，容易出现纵向开裂，主要原因有：

（1）圬工拱桥块石横向联系薄弱，当基础出现横向不均匀沉降时拱脚由下而上开裂。

（2）由于砌缝不均，砂浆不饱满，砌块出现局部受力现象发生纵向开裂。

（3）拱顶位置靠外侧出现开裂的病害，主要是由于拱上填料过薄，在靠边行驶重车的轮压荷载作用下，填料横向联系松散，开裂后拱圈向外倾斜，桥面塌陷。

养护对策

对主拱圈或腹拱圈处出现的纵向裂缝，墩、台帽纵向裂缝及墩、台身竖向裂缝，如裂缝继续发展，则须先加固基础及其他下部结构。

对拱圈裂缝，应视缝宽大小，增设多道钢箍，并尽量做成封闭箍，或通过钢拉杆施加横向预应力等方法加固。

2.4.3　板拱主拱圈横向开裂

病害特征

主拱圈处出现横桥向裂缝，裂缝容易沿砌缝扩展（见图 2-33）。

图 2-33 主拱圈横向开裂

产生原因

拱圈出现开裂有以下几方面原因：

(1)实际拱轴线较大地偏离合理拱轴线,导致主拱出现拉应力。

(2)拱脚出现水平移动,导致拱圈下缘受拉。

(3)超重车引起拱圈出现拉应力。

养护对策

对于拱圈处出现横向裂缝的情况,应根据计算结果进行维修加固方案的确定,建议如下:

(1)当拱桥横向裂缝较宽,拱顶下挠又过大时,建议拆除重建。

(2)拱轴线基本处于合理位置时,建议采用套拱加固,套拱的厚度根据施工方法和内力计算结果进行确定。

(3)对于基础不稳定造成的拱圈开裂,应首先对基础进行加固,然后进行拱圈加固。

2.4.4 拱圈渗水

病害特征

砌体间出现渗水现象,砌体表面受水侵蚀,偶尔有青苔覆盖(见图 2-34)。

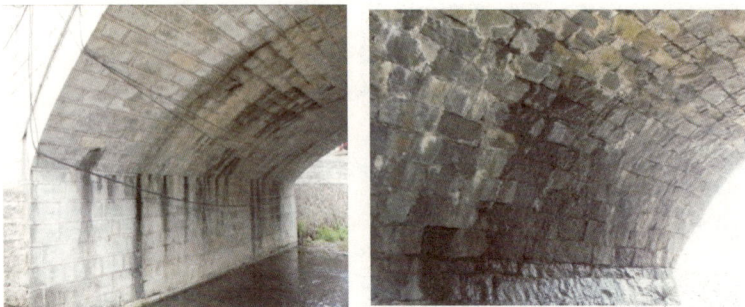

图 2-34　主拱圈渗水

产生原因

拱上建筑填料不密实,浆缝不饱满,或桥面出现积水,都可能引起拱圈渗水的病害。

养护对策

由于拱圈渗水将引起拱石软化,强度和耐久性降低等病害出现,养护对策建议如下:

(1)对于少量渗水情况,如果基本不影响结构的安全性,而且处理起来也很有难度,建议加强观测即可。

(2)对于渗水严重情况,因其将影响拱上填料的性能,建议改善桥面排水系统即可。

2.5　双曲拱桥

双曲拱桥指的是拱圈由纵向拱肋和横向拱波组成的拱桥。双曲拱比单曲拱能承受更大的载荷,主要是因为双曲拱不仅在一个方向上呈拱形,而且在与该方向垂直的另一方向也呈拱形。其构造如图 2-35 所示。

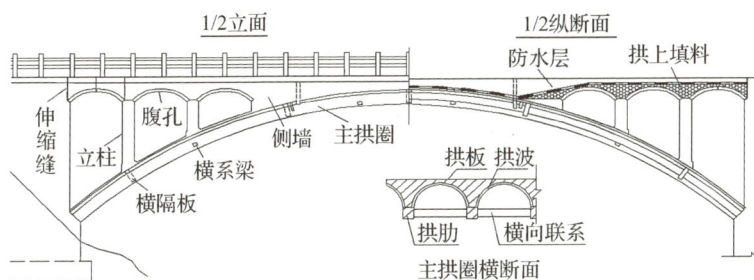

图 2-35　双曲拱桥构造

双曲拱桥常见病害主要有：拱肋开裂、拱波纵向开裂、混凝土拉杆断裂等。

2.5.1　拱肋开裂

病害特征

拱肋横向开裂，并延伸至拱肋侧面，一般在 $\frac{1}{4}L \sim \frac{3}{4}L$ 范围内（见图 2-36）。

图 2-36　拱肋开裂

产生原因

拱肋横向裂缝往往产生在拱顶附近正弯矩较大的区段。

（1）由于桥台发生了过大的水平位移，拱顶部位正弯矩大大增加，拱肋的拉应力超过极限拉应力。可以通过观测拱顶是否有下挠进行判断,必要时可采用测量仪器进行拱肋线形,以及两个拱脚的高程量测。

(2)由于拱波和拱肋是装配而成,两者结合较差,一旦拱波和拱肋结合部位削弱,拱肋受力变大,导致拱肋开裂。

(3)双曲拱桥横向连接薄弱,各片拱肋在重车的作用下,受力不均,造成个别拱肋受力很大,导致拱肋开裂。

养护对策

双曲拱桥拱肋横向开裂,是一种常见病害,应根据病害严重程度进行维修加固。

(1)对于拱肋横向裂缝开裂不大,拱肋基本无变形的情况,进行粘贴钢板或碳纤维布补强加固即可。

(2)对于横向连接薄弱,拱肋受力严重不均引起拱肋横向开裂的情况,建议增设横隔板加强整体性,保证拱肋整体受力。

(3)对于拱桥承载能力不能满足交通需求,需要大幅提载的情况,则可以采用套拱法加固。

2.5.2 拱波纵向开裂

病害特征

拱波纵向开裂较多地出现在拱顶附近的拱波位置(见图 2-37、图 2-38)。

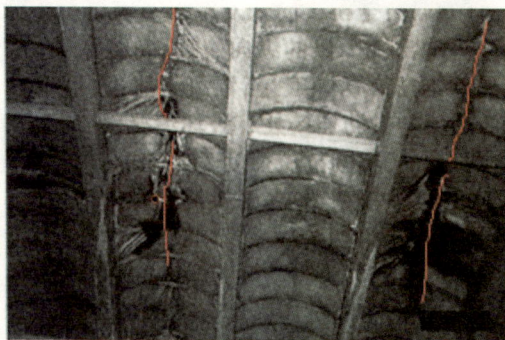

图 2-37 拱波顶部纵向裂缝

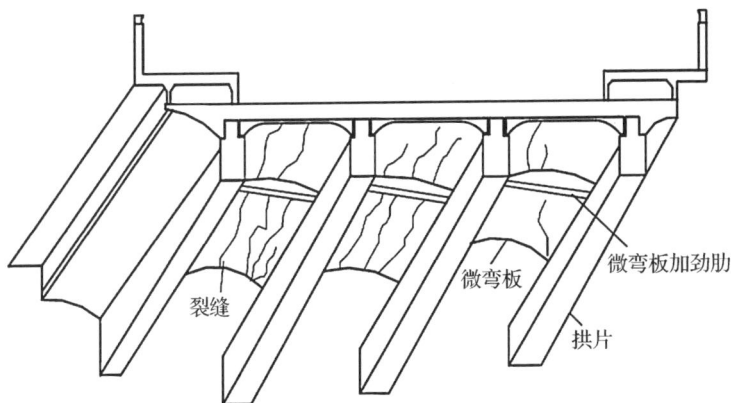

图 2-38 拱波顶部纵向裂缝示意

产生原因

（1）拱波可以视为支撑于拱肋之上的拱式结构，在荷载作用下，拱波在拱肋上产生侧向推力，推力过大可使拱肋产生侧向和竖向位移，导致拱波中部产生纵向裂缝。

（2）拱肋侧向刚度决定拱波受力情况。在荷载作用下，拱顶位置拱肋侧向、竖向位移是最大的，拱脚位移则是最小的，所以拱顶侧向刚度小于拱脚侧向刚度。因此，拱波开裂以跨中附近最多。

养护对策

（1）拱波顶部纵向开裂是常见病害，对于桥梁整体承载能力影响不大，加强观测即可。

（2）对于开裂严重的拱波，应进行更换，并加强拱肋横向联系，增设横隔板。

2.5.3 混凝土拉杆断裂

病害特征

钢筋混凝土拉杆混凝土脱落，部分或全部露出内部拉杆钢筋（见图 2-39）。

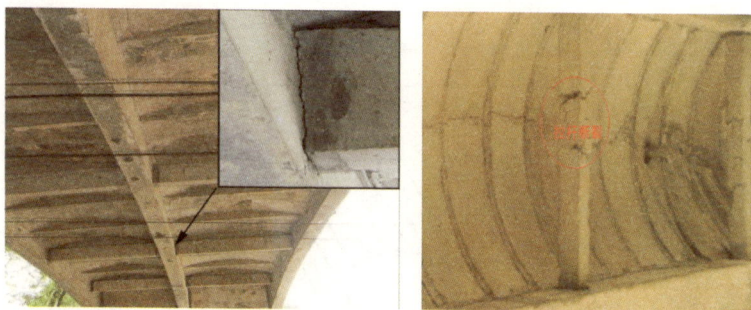

图 2-39　混凝土拉杆开裂

产生原因

拉杆一般尺寸都较小,强度和刚度也相应较弱,与横肋联结处的抗剪能力也偏小。当承受较大的外荷载作用时,拉杆产生较大的内力和变形,导致横系梁开裂、脱落,无法有效地横向分配荷载,并引起拱肋的受力与变形不均匀,加剧了横系梁的病害产生。

养护对策

(1)增强横向联系,改拉杆为横隔板。

(2)施加横向预应力。

2.6　上部一般构件

对于装配式空心板简支梁桥来说,上部一般构件为铰缝;对于 T 梁来说,上部一般构件为横隔板。

2.6.1　铰缝病害

病害特征

(1)板底勾缝脱落,铰缝内混凝土脱落。

(2)铰缝渗水(见图 2-40)。

(3)铰缝混凝土开裂,破碎。

图 2-40 铰缝渗水

产生原因

铰缝病害产生原因很多。过去对铰缝作用认识不足,因此管理、质检、设计、施工部门往往只关注梁板质量,而轻铰缝质量,这是导致铰缝病害的主要原因。

(1)2003 年以前采用的空心板很大一部分为小铰缝构造,企口高度小,只有 14cm 左右,企口以下板与板之间的缝只有 1cm,铰缝混凝土很难浇注,常常采用勾缝,以致年久失效脱落。

(2)施工时铰缝内混凝土质量较差,很多施工单位未按照设计要求采用高标号的小石子混凝土,而采用低强度的砂浆,极易损坏。

(3)铰缝施工时未对梁板侧面凿毛冲洗,铰缝混凝土与梁板黏结力差。

养护对策

(1)当铰缝裂缝反射到桥面时,应及时更换桥面铺装,以免出现单板受力病害。在更换桥面铺装时,铰缝可采用高强自密实砂浆灌注,加强铰缝植筋,设置板顶剪力键,并铺设双层 D10 钢筋网片。

(2)横向加固板底,改善梁板横向连接。

2.6.2　横隔板病害

病害特征

横隔板连接方式有两种形式,一种是预埋钢板焊接形式,另一种是后浇注混凝土连接形式。常见病害分别如下:

(1)预埋钢板焊接:横隔板钢板焊接锈蚀,焊缝处脱开,桥面在接缝处出现纵向裂缝(见图 2-41)。

(2)后浇注混凝土连接:横隔板产生竖向裂缝(见图 2-42)。

图 2-41　横隔板连接钢焊接失效　　　图 2-42　横隔板竖向开裂

产生原因

(1)受力上:横隔板起着横向连接作用,承受横向弯矩,下缘受到拉应力。当横向连接是后浇注混凝土结构时,横隔板容易横向弯曲开裂。

(2)构造上:当横隔板钢板采用焊接连接,安装时易纵向错开,焊接难度大,焊接后在环境因素作用下,钢板焊缝锈蚀失效,导致连接钢板脱开。

养护对策

(1)当连接处因锈蚀严重脱开时,应及时重新焊接,恢复横隔板连接,增加桥梁的横向刚度。

(2)对于裂缝不大的情况,可以不必专门处理这些裂缝,等待整桥维修加固时,一并处理,可以采用灌浆处理,粘贴钢板法加固。

3　下部结构的典型病害分析与养护对策

　　桥梁下部结构分为桥墩、桥台、基础等结构。

　　(1)常见的桥墩结构形式有柱式桥墩、实体墩等。其中柱式桥墩因为结构型式简单、施工方便,在中小跨径桥梁中应用较为广泛;对于实体墩,分为圬工桥墩和钢筋混凝土的薄壁墩。对于梁式小跨径桥梁,在山区,由于石材丰富,常采用圬工结构桥墩。

　　(2)桥台结构根据桥梁跨径、台后填土高度以及地质条件不同,采用不同的形式,常见的有轻型柱式桥台、肋板式桥台、重力式桥台等。

　　(3)常见的基础形式则有桩基础、扩大基础、沉井基础等。

　　桥梁的下部结构往往受力复杂,既与上部结构形式有关,又与地质条件密切相关,常见的病害有盖梁开裂、立柱开裂、基础冲刷以及耐久性病害等,本章节将着重对常见的桩柱式墩台、重力式墩台的典型病害进行分析。

3.1　桩柱式桥台

3.1.1　桩柱式桥台盖梁竖向裂缝

病害特征

　　软土地基地质条件下的,尤其是设置了台后挡墙的柱式桥台盖梁易出现竖向裂缝。裂缝形态通常为桥台盖梁靠河侧出现多条竖向裂缝,竖向裂缝上下基本贯通,裂缝宽度大小不一;伴随立柱河流侧出现水平环状裂缝、背墙断裂、伸缩缝顶死等病害(见图 3-1)。

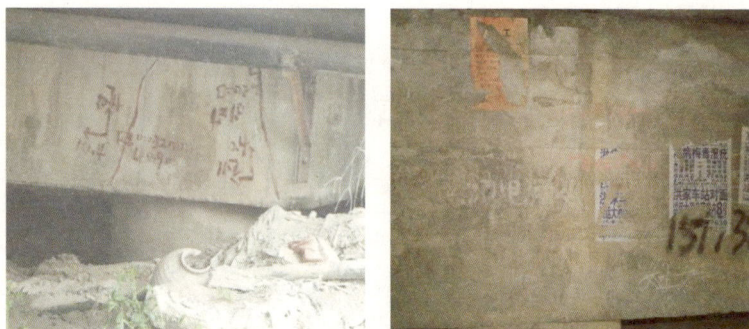

图 3-1　桥台盖梁竖向裂缝

产生原因

(1)桥台盖梁竖向开裂,主要是由于台后土推力作用在盖梁上,挤推桥台向河侧变形,在水平荷载作用下,以及在桩柱和上部结构的约束下,盖梁侧面受弯。其受力分析如图 3-2 所示。

(2)盖梁通常只按照竖向荷载产生效应进行极限承载力和正常使用状态的配筋设计,而侧面只配置很少的抗扭钢筋,在水平土压力的作用下,出现裂缝在所难免。

(3)一些柱式桥台,直接采用台后挡墙形式,取消桥台锥坡,导致台后土压力因无台前锥坡的反压卸载而直接作用在桥台上。

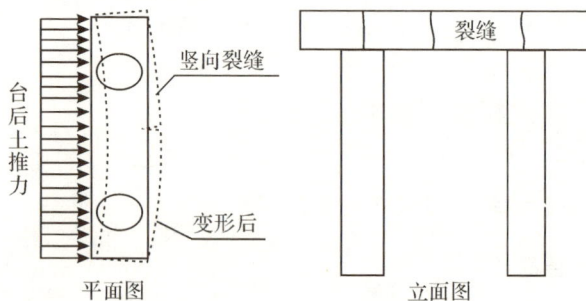

图 3-2　桥台盖梁在台后土压力作用下的受力分析

养护对策

桥台盖梁的竖向贯通裂缝，是由台后填土产生的土压力引起的，属于前期设计中针对软土地基所采用的桥台形式不合理的结果。处治这种病害往往代价很高，根据多年的处治经验建议如下：

（1）如果单是桥台盖梁出现裂缝，且裂缝基本稳定，应采用在盖梁侧面粘贴数道钢板加固的方法，即补强盖梁水平抗弯能力。

（2）如果出现立柱变形较大，立柱开裂明显的情况，应在台后采用轻质填料换填处理，以及对桥台进行拆除重建。

3.1.2 桩柱式桥台盖梁斜向裂缝

病害特征

桩柱式桥台盖梁斜向裂缝情况比较复杂，根据引起其的原因可以分为两种情况，对应的病害特征如下：

（1）剪切裂缝是在荷载作用下，产生如图 3-3 所示的斜向裂缝，使得结构断裂成两相脱离的形态，这种裂缝有可能为盖梁剪切裂缝。

（2）当斜向裂缝与剪切裂缝方向相反，并且裂缝延伸至底板较深的位置时，该形态可能为扭转裂缝（见图 3-4）。

图 3-3　桥台盖梁斜向开裂（一）　图 3-4　桥台盖梁斜向开裂（二）

产生原因

（1）剪切裂缝：出现剪切裂缝可能是因为抗剪配筋不足，或超载引起剪力超过盖梁抗剪能力。

(2)扭转裂缝:温度、土压力变化导致桥台受不均匀的挤推,承受过大的扭转力。同时梁板放置时,横向梁板间在纵向产生误差,当温度等因素变化时,梁板与背墙不均匀的接触产生扭转力。其受力分析如图 3-5 所示。

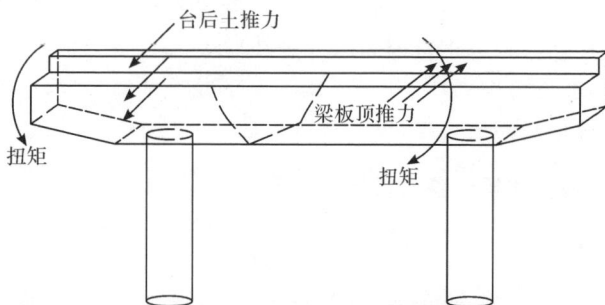

图 3-5　桥台盖梁受扭开裂受力分析

养护对策

首先判别斜向裂缝的性质,再根据斜向裂缝的性质进行有针对性的维修养护。

(1)当判定为剪切裂缝时,通过检算复核盖梁的承载能力,如抗剪能力不足,应采用在盖梁正侧面增厚截面加固的方法。

(2)当判定为扭转裂缝时,由于提高盖梁扭转强度难度较大,应从减少或消除扭矩的角度进行处治。

①当裂缝宽度小于 0.2mm,立柱变形不大时,建议加强观察,当病害不继续发展时,采用封闭裂缝处理;

②当病害发展较快时,建议开挖台后填土,换填自立性好、轻质的填料减少台后土推力。

3.1.3　桩柱式桥台立柱水平裂缝

病害特征

桥台立柱靠河侧出现半环状裂缝,严重的会出现断裂,甚至混凝土大面积破碎(见图 3-6、图 3-7)。

图 3-6 桥台立柱水平开裂 图 3-7 桥台立柱大面积破碎

产生原因

(1)桥台台后填筑高度高于地面时,形成较大的填筑荷载,同时在车辆荷载的作用下,软土地基形成向前滑动面。

(2)桥台台后土压力直接作用于挡墙上,挡墙将大部分的挤推力作用在桩柱桥台上(实际上放大了水平推力)。

(3)由于桩柱式桥台抗水平推力能力低,当水平挤推力达到一定程度时,必然导致桩柱式桥台的各种病害。

台后土压力对桥台立柱左右作用力机理如图 3-8 所示。

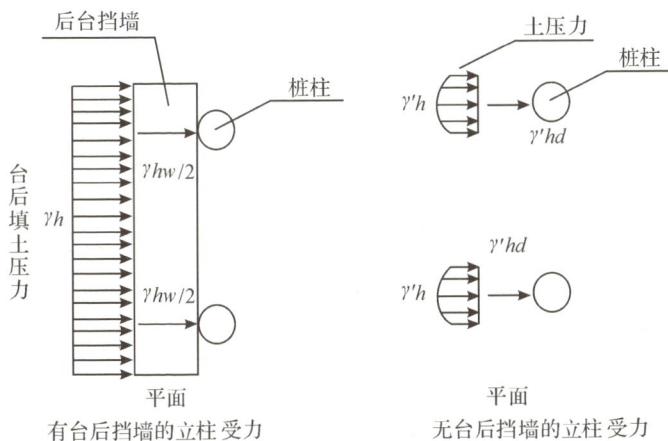

图 3-8 台后土压力对桥台立柱左右作用力机理

养护对策

(1)对于跨径比较小又不通航的桥梁,可以采用设置钢筋混凝土支撑梁的加固方法。

(2)台后换填具有直立性的轻质材料,减少土压力。

(3)扩孔,增加一跨以降低填土高度。

(4)增设锥坡,增加反向土压力,减少桥台受力。

3.2 桩柱式桥墩

柱式桥墩一般根据桥梁的所在环境确定,一般采用柱式桥墩的结构以起到方便泄洪的作用。工程中桥墩立柱一般采用圆柱形,采用矩形立柱的桥墩比较少见,多用于沿河流走向的高架桥。

3.2.1 桩柱式桥墩盖梁竖向裂缝

病害特征

桥墩盖梁竖向裂缝,主要有以下几种类型:

(1)盖梁柱顶范围出现一条或多条从盖梁顶部向下延伸,严重的至盖梁高度的 $\frac{1}{2}$ 左右,上宽下窄的裂缝(结构裂缝,最为常见,见图 3-9)。

(2)竖向通长裂缝(收缩裂缝)。

(3)盖梁高度中部出现枣核形裂缝(收缩裂缝)。

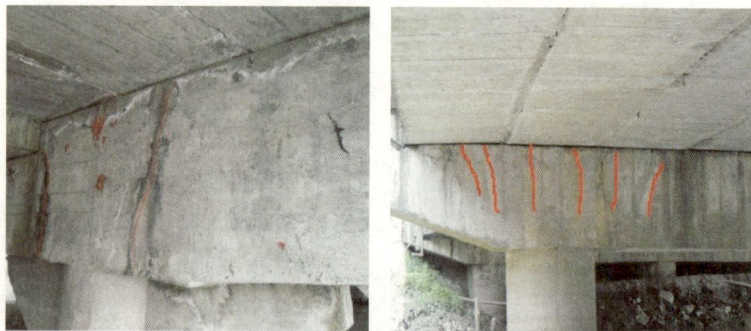

图 3-9　桥墩盖梁柱顶竖向开裂

产生原因

根据裂缝出现的时机和形态分类,有两种主要原因。

(1)收缩裂缝,出现收缩裂缝原因如下:

①当混凝土强度未达到要求时,如气温太低以致混凝土强度发展较慢,过早拆除支架后,在自重作用下,混凝土易在柱顶位置开裂,裂缝形态上宽下窄类似结构裂缝。

②在高温干燥环境下施工,当拆模太晚,同时养生不到位时,易引起混凝土竖向开裂,这时竖向裂缝的形态有两种:一种出现在盖梁高度中部;一种上下贯通,基本可以判断为收缩裂缝。

这类裂缝由施工原因引起,施工过程中一旦发现,应及时调整脱模时间和加强养护。

(2)结构裂缝,出现结构裂缝原因如下:

①设计计算错误导致配筋不足,尤其是在盖梁计算软件普及以前,当柱间距、桥梁宽度等设计参数改变时,设计人员直接套用标准图而未作计算,导致配筋不足。

②设计时如果仅仅按照抗弯极限承载能力配筋,未作抗裂设计,可能导致裂缝开展过大。

③对于连续的弯起钢筋,如果水平长度太短,则不能作为抗弯钢筋计算。有些设计人员将短钢筋计入抗弯抗裂钢筋,导致配筋不足易出现裂缝。

④超载的影响。

养护对策

应根据裂缝性质选择加固处治方案:

(1)如果是施工引起的收缩裂缝,建议采用裂缝封闭或者灌浆处理。

(2)如果是结构裂缝,首先要对原桥的盖梁配筋进行复核计算,复核计算时不考虑水平短钢筋的抗弯和抗裂的作用,根据计算结果进行加固设计:

①在提载幅度不大的情况下可采用粘贴钢板加固;

②如果需要较大提升承载能力的时候,建议采用增大截面、施加体外预应力加固。

3.2.2 桩柱式桥墩盖梁斜向裂缝

病害特征

桥墩斜向裂缝一般位于立柱两侧,沿立柱侧斜向开展,与水平方向呈 30°～60°角,剪切裂缝常与柱顶盖梁顶部竖向裂缝连通(见图 3-10)。

产生原因

(1)抗剪配筋不足:立柱附近的盖梁截面箍筋没有加密。

(2)超载引起剪力超过盖梁抗剪能力。

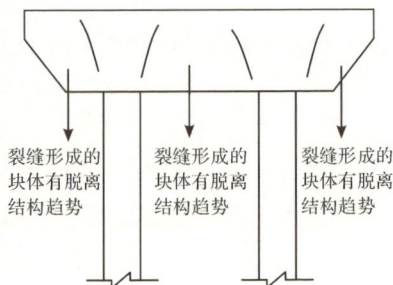

图 3-10　桥墩盖梁斜向裂缝

养护对策

(1)首先复核盖梁设计,检算盖梁的抗剪能力,当检算盖梁抗剪能力满足,裂缝开展不大时,可以采用粘贴钢板加固,并加强观测。

(2)当检算盖梁抗剪能力严重不足,斜向裂缝宽度过大时,应考虑增大盖梁截面加固。

3.2.3　桩柱式桥墩立柱水平裂缝

病害特征

桥墩立柱出现水平环状裂缝(见图3-11)。

图 3-11　桥墩立柱水平裂缝(土压力推挤)

产生原因

首先应排除立柱有无受到裂缝开口方向的水平力作用。

(1)在无水平力作用的情况下,如果同时存在较严重的盖梁开裂现象,应当判别为不均匀沉降造成的开裂。

(2)立柱两侧存在不同高度的堆土等情况,立柱水平裂缝很有可能是受土压力挤推而开裂的(见图3-12)。

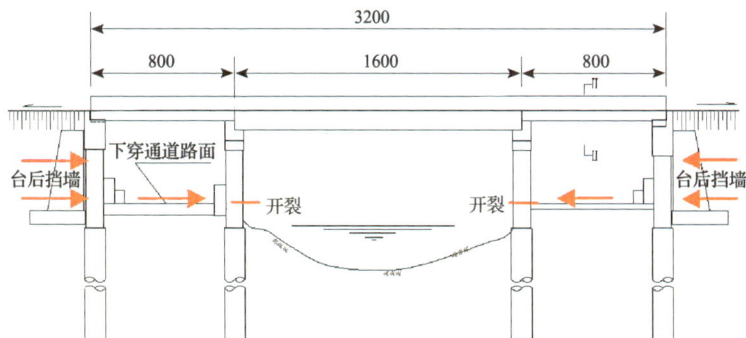

图 3-12　下穿通道挤推桥墩立柱开裂

养护对策

(1)首先卸载水平推力,当立柱两侧有高差较大的堆土时,应及时卸载。

(2)当有桥下通道刚性路面紧靠立柱时,建议在立柱边缘凿除水泥路面,释放水平挤推力(见图3-13)。

(3)当卸载了水平推力后,适当开挖,并采用外包钢筋混凝土加固立柱,增加的厚度为15cm左右(见图3-14)。

图 3-13　桥墩立柱卸荷、增大截面加固　　图 3-14　桥墩立柱增大截面加固

3.3　重力式桥台

重力式桥台的主要特点是其靠自身重量来平衡外力保持稳定,因此台身比较厚实,可以不用钢筋,而用天然石材或片石混凝土砌筑。它适用于地基良好的大、中型桥梁,或流冰、漂浮物较多的河流中。在砂石料获取方便的地区,小桥也往往采用它。

3.3.1　重力式桥台台帽竖向裂缝

病害特征

坼工桥台台帽出现一条或数条竖向裂缝(见图3-15)。

产生原因

(1)构造上,通常坼工桥台的台帽结构配筋较少,当桥梁跨径较小时也直接采用素混凝土作为台帽结构,所以台帽抗裂性能较差,容易产生开裂。

(2)台帽与圬工桥台台身直接接触,当施工精度不高时接触面不可避免地会出现不平整,在荷载作用下易产生局部弯曲,导致开裂。

(3)浇筑时产生的干缩裂缝。

图 3-15　台帽竖向开裂

养护对策

注意观察裂缝开展情况,一般只需对其进行灌浆封闭处理。当裂缝继续发展,同时伴有台身出现竖向裂缝时应给予重视,分析是否存在不均匀沉降,并做综合处理。

3.3.2　重力式桥台台身开裂

病害特征

圬工桥台台身出现一条或数条竖向裂缝,裂缝可能上下贯通(见图 3-16)。

产生原因

(1)桥台基底不均匀沉降引起的台身开裂。

(2)当裂缝形状为上大下小时,主要是因为两边的沉降大于中间的沉降。

(3)当裂缝由下往上延伸时,主要是因为裂缝所处位置有局部沉降。

图 3-16　台身竖向开裂

养护对策

(1)沉降稳定时可在台前外包钢筋混凝土。

(2)沉降发展比较快,不能稳定时:

①以拆除重建,并加强基础设计,最为彻底;

②当拆除重建受到限制时,可以采用灌注注浆加固。

3.4　挡块

挡块是桥面两边为了防止落梁而设置的块状墙。地震比较严重的地方还在各梁间设置挡块卡住梁,防止梁横向移动。

3.4.1　挡块开裂

病害特征

挡块向外侧开裂(见图 3-17)。

产生原因

梁板偏位,向外推挤挡块,使挡块向外开裂。

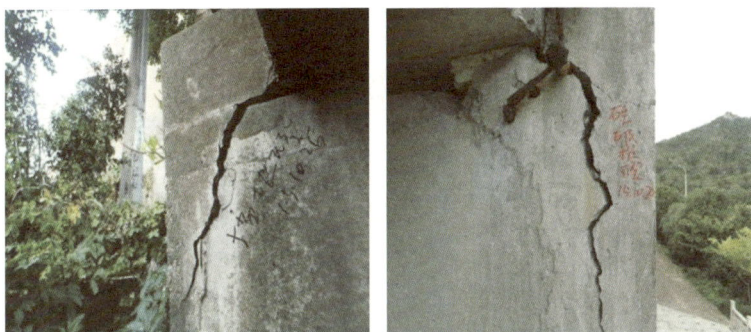

图 3-17 挡块开裂

养护对策

（1）对于一般开裂，可对挡块凿除重做。

（2）对于梁板偏位严重引起的裂缝，往往需要对梁板进行回位处理，然后再对挡块凿除重做，加强挡块防护作用。

3.5 墩台耐久性病害

3.5.1 墩台受水侵害

病害特征

墩台表面有水侵蚀痕迹（见图 3-18、图 3-19）。

图 3-18 桥台受水侵害   图 3-19 桥墩受水侵害

产生原因

（1）伸缩缝内止水橡胶条老化、破损，桥面水流直接通过伸缩缝流向墩台表面。

（2）对于墙式桥台，可能是台后填土积水不能及时排出，造成流水由台身砌石勾缝渗出。

养护对策

（1）对于伸缩缝止水橡胶条破损引起的侵蚀，应及时维修伸缩缝和保证桥面排水畅通。

（2）对于积水不能及时排出引起的侵蚀，应加强观察，当沉降较大时应及时处理，必要时重做台后填土。

3.5.2 墩台钢筋锈胀、混凝土剥落

病害特征

墩台盖梁钢筋锈胀，混凝土剥落（见图 3-20、图 3-21）。

产生原因

墩台混凝土保护层厚度不足，在水侵蚀和外界环境作用下发生钢筋锈胀，混凝土剥落。

图 3-20　盖梁悬臂端底部钢筋锈胀　　图 3-21　盖梁立面钢筋锈胀

养护对策

应及时进行修复，修复时先凿除疏松的混凝土，再对锈胀的钢筋进行除锈、防锈处理，最后采用高强修补材料（如环氧修补

胶)恢复保护层。

3.6　墩台基础

墩台基础的主要形式有桩基础、扩大基础、沉井基础等,本小节主要针对桩基础和扩大基础做介绍。

桩基础的主要病害有:桩基础受冲刷,桩顶出现缩颈,桩基础出现钢筋锈蚀,桩基础断裂开裂等病害。

扩大基础的主要病害有:基础掏空,基础开裂,基础不均匀沉降等病害。

3.6.1　桥台基础不均匀沉降

病害特征

桥台台帽混凝土被挤碎,桥台接缝处出现台阶(见图 3-22、图 3-23)。

产生原因

(1)左右幅桥梁沉降不一致,在沉降过程中桥台台帽互相挤压,导致混凝土挤碎。

(2)如果是拼宽桥梁,由于新老桥梁沉降不一致,会导致拼宽接缝处出现破损。

(3)分幅桥梁承受的荷载不一致,导致不均匀沉降。

图 3-22　不均匀沉降引起
台帽破损(一)

图 3-23　不均匀沉降引起
台帽破损(二)

养护对策

（1）当出现不均匀沉降时，针对破损处可以采用混凝土修补。

（2）如沉降还在发展，则需对基础进行相应的加固处理。

（3）如果是拼宽桥梁，梁板间和台帽间应留有一定的缝隙，以防进一步不均匀沉降。

3.6.2 墩台桩基受冲刷

病害特征

河床下降，桩基础受冲刷外露，桩基础混凝土剥落，主筋外露锈蚀，桩基偏心受压（见图 3-24）。

产生原因

（1）设计时没有计算或计算错误冲刷深度，导致冲刷深度超过预期（有些设计院很多时候并没有计算）。

（2）桥位附近存在非法挖砂现象，加重冲刷。

（3）山区溪流暴涨暴跌，将组成河床的泥沙颗粒冲走，致使河底高程降低或河岸后退。

（4）桩基础受冲刷外露，由于混凝土质量问题（施工时桩顶混凝土破除不够充分，混凝土含泥量过大）和施工定位偏差过大问题（施工规范规定不超过 5cm），导致桩基础偏心受压以及混凝土松散，钢筋外露锈蚀。

图 3-24　桥墩桩基受冲刷严重

养护对策

对桩基受冲刷形成的病害的处治,建议出现病害就应及时维修,并从防冲刷角度进行系统处治:

(1)如果在桥位附近有非法挖砂情况,建议设置桥位处河床禁止挖砂标志,并及时上报,进行联合执法制止挖砂保证河床稳定。

(2)增加河床铺砌,或利用防护桩+石笼+拦砂坝维持河床稳定。

(3)维修时先凿除原疏松混凝土,最后在桩基外包钢筋混凝土(见图3-25、图3-26)。

(4)当冲刷较为严重且条件允许时,建议拆除重建桩基础,并充分考虑冲刷深度。

图3-25　桥墩桩基外包混
凝土加固(一)

图3-26　桥墩桩基外包混
凝土加固(二)

3.6.3　墩台扩大基础掏空

病害特征

墩台基础掏空,严重时会导致墩台倒塌,严重威胁交通安全(见图3-27、图3-28)。

产生原因

(1)由于修建桥梁,过水断面压缩,水流湍急,掏空墩台基础。

(2)有些桥位正处于水文比较复杂的位置,当桥梁基础与水流有斜交时,容易造成基础掏空。

(3)基础埋置深度不够,造成冲刷深度大于基础埋置深度,导致基础掏空。

图 3-27　扩大基础局部受冲刷严重　　图 3-28　扩大基础受冲刷严重

养护对策

基础掏空,严重威胁桥梁安全,所以针对基础掏空问题,要做到及时发现,及时维修,随坏随修,避免出现桥梁倒塌事故。当发现基础掏空时可以采用以下维修方法:

(1)基础掏空处可以填充片石混凝土(或直接浇筑混凝土防护)。

(2)设置导流防护工程,保护基础免受洪水直接冲刷。

(3)必要时扩孔,增加过水断面。

3.7　河床铺砌

3.7.1　河床铺砌破损

病害特征

桥下河床铺砌局部或者大面积破损、受冲刷严重(见图 3-29、图 3-30)。

产生原因

水流速快,河床铺砌施工质量欠佳,导致铺砌在大流量时出现局部破损,在水流反复作用下,出现大面积掏空破坏。

图 3-29 桥下河床铺砌大面积掏空

图 3-30 桥下河床铺砌完全冲毁

养护对策

桥下河床铺砌出现掏空及冲毁现象,应及时修复河床铺砌(见图 3-31、图 3-32),防止墩台基础出现掏空现象,进而导致桥梁出现倒塌等问题。

图 3-31 修复之后的河床铺砌(一)

图 3-32 修复之后的河床铺砌(二)

4　支座的典型病害分析与养护对策

　　桥梁支座是连接桥梁上部结构和下部结构的重要结构部件。它们能将桥梁上部结构的反力和变形(位移和转角)可靠的传递给桥梁下部结构,从而使结构的实际受力情况与计算的理论图式相符合。

　　在桥梁的使用过程中,要求主梁与支座必须接触密实、轴线重合,不得出现梁体与支座脱空现象。尤其是矩形板、空心板上部结构,因其是板式结构,每片梁有 4 个支座,如果发生支座破坏现象,势必造成梁体由 4 点支承变成为 3 点支承甚至是 2 点支承,梁体支承约束的改变,将导致主梁受力状态的改变,对桥梁结构造成损伤。桥梁支座在整个桥梁结构中虽然是很小的组成部分,但是它们对稳定桥梁墩台的受力状态和限制梁的水平位移、转角起着十分重要的作用,其性能的好坏直接影响到桥梁的使用效果与寿命。在省内各线公路的桥梁调查中发现,桥梁支座破坏的现象时有发生,尤其是弯、坡、斜桥,支座破坏现象更是严重,同时,板梁支座的破坏一般发生在边梁位置。

4.1　板式橡胶支座

　　板式橡胶支座是由多层天然橡胶与薄钢板镶嵌、黏合、硫化而成的一种桥梁支座产品。该种类型的橡胶支座有足够大的竖向刚度以承受垂直荷载,且能将上部构造的压力可靠地传递给墩台;有良好的弹性以适应梁端的转动;有较大的剪切变形能力以满足上部构造的水平位移。

　　板式橡胶支座是公路中小型桥梁中比较常用的产品,它分为普通板式橡胶支座(见图 4-1)、四氟板式橡胶支座(见图 4-2)。普通型桥梁支座适用于跨度小于 30m、位移量较小的桥梁,不同平面形状的支座适用于不同的桥跨结构,正交桥梁用矩形支座,曲线桥、斜交桥及圆柱墩桥用圆形支座。四氟乙烯板式橡胶支座适用于大跨度、多跨连续、简支梁连续板等结构的大位移量桥梁。它还可用作连续梁顶推及 T 形梁横移中的滑块。矩形、圆形四氟板式橡胶支座的应用分别与矩形、圆形普通板式橡胶支座相同。

图 4-1　普通板式橡胶支座　　　　图 4-2　四氟板式橡胶支座

4.1.1　支座脱空

病害特征

支座部分或者全部脱空(见图 4-3、图 4-4)。

图 4-3　支座部分脱空　　　　　图 4-4　支座完全脱空

产生原因

施工过程控制不严格或者梁板安装后未及时整体化,没有及时施工桥面铺装,造成反拱太大,使支座脱空。

养护对策

根据脱空程度,制定维修措施,如可以通过调整支座垫石和梁底钢板的水平解决支座脱空问题。

支座脱空将对上部结构尤其是桥面铺装以及铰缝产生较大的影响,建议对于支座脱空应及时处理。

4.1.2　支座剪切变形

病害特征

支座剪切变形过大(见图 4-5、图 4-6)。

图 4-5　圆形支座剪切变形严重　　　图 4-6　矩形支座剪切变形严重

产生原因

(1)落梁时不够平稳,支座存在较大的初始剪切变形。

(2)热胀冷缩引起桥梁伸缩,带动支座剪切变形,一般冬天气温低的时候支座向外变形。

(3)支座达不到设计要求。

养护对策

支座剪切变形,是一种正常的形变,如剪切变形在限值范围内,那就没有必要更换支座。只有当变形超过限值并影响到功能时,才建议更换支座。建议安放支座和做桥面连续最好选择在年平均温度下施工。

4.1.3 支座老化

病害特征

板式橡胶支座老化,表面龟裂,橡胶外鼓并局部剥离,失去弹性(见图4-7、图4-8)。

图 4-7 支座老化、开裂   图 4-8 支座老化、外鼓

产生原因

(1)橡胶支座,因其主要材料橡胶为高分子材料,湿热作用下会出现老化,直至橡胶老化失效。简支梁的支座位置桥面易渗水,造成支座使用环境潮湿。

(2)橡胶支座使用寿命与质量密切相关,橡胶支座质量参差不齐,一些劣质橡胶支座可能采用回收橡胶制作,造成其使用寿命很短。

(3)施工时即造成支座偏压、剪切变形等,造成支座受力很大,加之超载车辆对其的影响也会加速橡胶的老化。

养护对策

由于顶升更换支座造价很高,所以应根据调查得到老化开裂支座的个数,当个数达到一定比例时,建议全面更换支座。

4.2 盆式橡胶支座

盆式橡胶支座 GPZ(Ⅱ)是钢构件与橡胶组合而成的新型桥梁支座,与同类的其他型号盆式支座和铸钢辊轴支座相比,具有承载能力大,水平位移量大、转动灵活等优点,是适用于大垮桥梁的较理想的支座(见图 4-9)。

图 4-9　盆式橡胶支座

4.2.1 盆式橡胶支座钢板锈蚀

病害特征

钢板表面油漆脱落,钢板局部锈蚀(见图 4-10)。

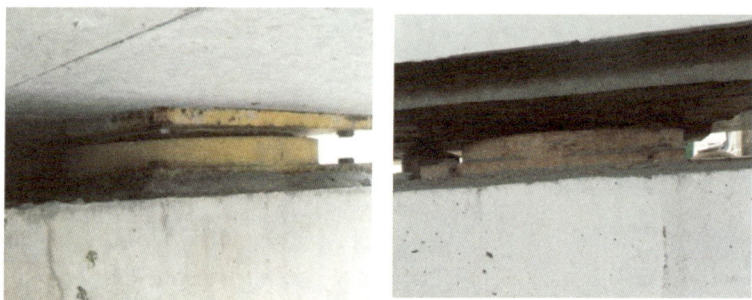

图 4-10　盆式橡胶支座钢板锈蚀

产生原因

钢板防腐油漆在外界环境长期作用下出现老化、脱落，从而导致钢板与大气直接接触，使钢板锈蚀。

养护对策

直接对锈蚀的支座钢板进行除锈、防锈处理(见图 4-11)。

图 4-11　盆式橡胶支座钢板防腐处理

5 附属设施的典型病害分析与养护对策

5.1 桥面铺装

　　桥面铺装也称行车道铺装,其功能是保护属于主梁整体部分的行车道板不受车辆轮胎(或履带)的直接磨耗,防止主梁遭受雨水的侵蚀,并能对车辆轮重的集中荷载起一定的分布作用。桥面铺装层破坏造成的危害结果是严重的,它直接影响桥梁正常功能的发挥,造成冲击、跳车,产生噪音,影响行车的舒适性,降低了桥梁运营水平。严重的桥面破坏降低了结构的耐久性和承载能力,甚至危及行车安全。桥面铺装层发生小范围破坏时,正常的维修养护能解决问题;但当小修小补不能解决问题时,应及时更换桥面铺装,以防其对梁体产生破坏以及影响车辆的通行安全。

5.1.1 桥面铺装层纵向裂缝

病害特征

　　桥面铺装层出现纵向裂缝,裂缝处常对应着铰缝位置(见图5-1、图5-2)。

图 5-1　水泥砼铺装层纵向裂缝　　图 5-2　沥青砼铺装层纵向裂缝

产生原因

桥面铺装层出现纵向裂缝是由于其在荷载作用下出现横向拉应力并超限造成的,这与上部结构横向连接刚度密切相关。产生的原因有:

(1)以往铺装层通常设计配筋采用单层的光圆钢筋网片,厚度为 8~10cm。在荷载作用下,铺装层上下缘均容易出现较大的拉应力,从而导致铺装层开裂。

(2)装配式空心板梁板支座脱空、铰缝失效,导致桥面铺装层出现横向拉应力,从而形成纵向裂缝。

(3)对于桁架拱或刚架拱等装配式拱桥,由于横向连接薄弱或者失效,在重车荷载反复作用下,桥面开裂。

(4)对于圬工拱桥,拱圈边侧块石开裂、外倾,可导致桥面纵向开裂。

养护对策

(1)当空心板桥面出现纵向裂缝时,应加强观测。对于细小的非结构裂缝,直接进行封闭处理。

(2)当裂缝宽度较大,且沿着铰缝位置通长发展时,预示着梁板出现横向连接薄弱情况,此时应及时更换桥面铺装层,加强梁板的横向联系,增加铺装的厚度及增设双层钢筋网片。

(3)检查支座,若存在支座脱空情况,应及时进行填塞或者更换支座。

5.1.2　桥面铺装横向裂缝

病害特征

桥面铺装横向裂缝通常出现在桥面连续部位(见图 5-3)。

图 5-3　桥面连续横向开裂

产生原因

(1)桥面连续处的无黏结筋失效,在汽车荷载作用下,会产生负弯矩导致桥面连续开裂。

(2)墩台不均匀沉降,导致桥面被拉裂。

养护对策

桥面连续部位出现横向裂缝是常见病害,对桥梁结构安全影响小,当裂缝缝宽较小时,直接进行封闭处理,并加强观测。

5.1.3　水泥混凝土桥面铺装网裂

病害特征

水泥混凝土桥面铺装经常出现网裂(见图 5-4)。

图 5-4　桥面铺装层网裂

产生原因

施工时,混凝土水灰比过大,养护不到位,造成混凝土出现干缩裂缝。

养护对策

(1)如果是局部出现网裂,只需加强观测即可。

(2)如果是大面积网裂,可以加铺沥青混凝土罩面。

5.1.4　桥面铺装坑洞、破损

病害特征

水泥混凝土桥面铺装和沥青混凝土桥面铺装均会出现破损(见图 5-5、图 5-6)。

图 5-5　沥青砼桥面铺装层坑洞　　图 5-6　水泥砼桥面铺装层破损

产生原因

在重载交通的作用下,铺装层表面局部出现龟裂、网裂时没有得到及时的养护,导致该部位破损进一步增大,从而形成坑洞。

养护对策

(1)对于沥青砼铺装层,采用局部切割修复。

(2)对于铺装层破损严重,大面积出现坑洞、破损的情况,应及时更换桥面铺装层。

5.2 伸缩缝

桥梁伸缩缝指的是为满足桥面变形的要求,通常在两梁端之间、梁端与桥台之间或桥梁的铰接位置上设置的伸缩缝。要求伸缩缝在平行、垂直于桥梁轴线的两个方向,均能自由伸缩,牢固可靠,车辆行驶时应平顺、无突跳与噪声;要能防止雨水和垃圾泥土渗入阻塞;保证安装、检查、养护、消除污物都要简易方便。在设置伸缩缝处,栏杆与桥面铺装都要断开。桥梁伸缩缝的作用在于:调节由车辆荷载和桥梁建筑材料所引起的上部结构之间的位移和联结程度。斜交桥的伸缩装置一旦被破坏,将严重影响行车的速度、舒适性与安全性,甚至造成行车安全事故。

5.2.1 型钢伸缩缝

型钢伸缩缝安装简便,适用于桥面铺装层厚度大于或等于80mm,伸缩量小于等于80mm的各种桥梁,既可以供旧桥梁伸缩装置更换使用,又可供新桥梁修建选用。

型钢伸缩缝主要病害有:锚固混凝土开裂、破损,型钢松动、缺失,缝内橡胶条老化、破损等。

1.锚固混凝土开裂、破损

病害特征

锚固混凝土开裂、破损是型钢伸缩缝最常见的病害(见图5-7、图5-8)。

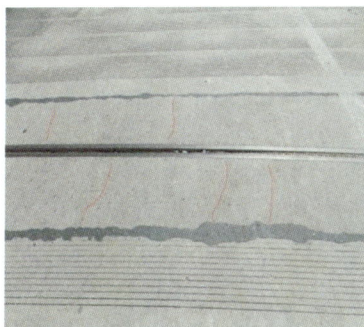

图 5-7　伸缩缝锚固混凝土开裂　　图 5-8　伸缩缝锚固混凝土破损

产生原因

（1）伸缩缝锚固区混凝土浇注不密实，达不到设计要求，出现蜂窝、空洞等，难以承受车辆的长期荷载冲击，从而造成锚固混凝土破损。

（2）伸缩缝锚固区混凝土浇注时，混凝土水灰比过大，后期保养措施没做好，导致混凝土开裂。

养护对策

（1）对于开裂的锚固混凝土，可直接采用封缝胶进行裂缝封闭。

（2）对于破损的锚固混凝土，可进行凿除，采用高强纤维混凝土重新浇注。

2. 型钢松动、缺失

病害特征

型钢松动后，车辆行经时有明显的变形振动；型钢缺失后，车辆行经时有明显的跳车现象（见图 5-9、图 5-10）。

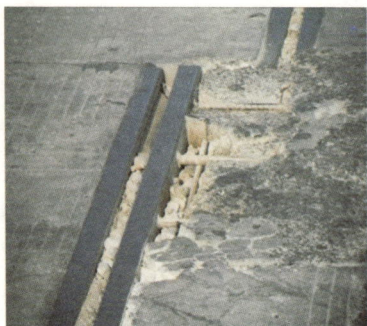

图 5-9 伸缩缝型钢松动   图 5-10 伸缩缝型钢缺失

产生原因

(1)锚固混凝土破损,导致车辆荷载直接作用在型钢上。

(2)型钢伸缩缝锚固焊接构造不合理,焊接强度差,在车辆荷载下,极易导致型钢脱落、松动。

养护对策

(1)重做型钢松动、缺失处的伸缩缝。

(2)选择锚固构造合理的型钢,锚固在梁板顶部的钢筋锚固质量要达到规范要求,锚固钢筋与型钢钢板要焊接良好。

3.橡胶条老化、破损

病害特征

伸缩缝橡胶条破损会导致盖梁受水侵蚀,梁端砂石、垃圾堵塞(见图 5-11、图 5-12)。

图 5-11 橡胶条老化、破损(一)   图 5-12 橡胶条老化、破损(二)

产生原因

橡胶条长期受雨水侵蚀，太阳暴晒，使用寿命大幅缩短，易老化、破损。

养护对策

直接更换破损、老化的橡胶条。

5.2.2 梳形（钢板）伸缩缝

梳形钢结构伸缩装置分老的结构产品和新的结构产品。老的结构产品属铸钢梳形伸缩装置，其结构受力特性属悬臂式，易受汽车冲击力的破坏。由于结构不佳，使用效果不好而被淘汰。新结构产品，其结构受力特性由悬臂式受力改为简支梁式受力，巧妙设计构思在于其表面看到的缝与桥梁端头的实际缝隙不在同一竖直面上，即实际缝隙位于梳型钢板的中坚实体端，而不是在外表面看到的梳型钢板齿端。其伸缩功能是靠梳形钢板的滑移完成的，从而大大提高了梳形钢结构的受力特性，使用效果较好，已在全国广泛应用。

梳形（钢板）伸缩缝主要病害有螺栓松动、锚固钢板缺失等。

病害特征

锚固钢板螺栓松动、钢板缺失（见图 5-13、图 5-14）。

图 5-13 锚固钢板螺栓缺失

图 5-14 锚固钢板缺失

产生原因

锚固钢板长期受车辆的冲击荷载反复作用。

养护对策

(1)对于缺失面积不大的伸缩缝,可直接重新安装缺失的钢板。

(2)对于破损面积较大的伸缩缝,应重做。

5.2.3 TST 填充式伸缩缝

TST 伸缩缝(见图 5-15)也叫无缝伸缩缝粘接料,是一种沥青填充式桥梁伸缩缝,是 20 世纪 70 年代从英国发展起来的一种桥梁伸缩缝。

它的基本做法是将接缝上面一窄条范围内的桥面铺装层替换为一种高弹性的特殊沥青混合料。这条高弹性特种沥青与石料的混合物可以吸收由于温度和交通负荷作用产生的桥面板位移,而保证表层不会开裂损坏。无缝伸缩粘接料能够同时兼顾高温和低温、渗透性和黏性这些对立的性能要求,不仅适用于温度变化小的地区,而且适用于温差较大的地区。

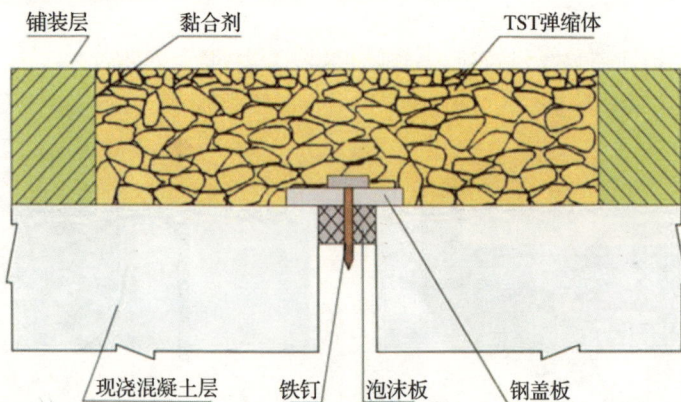

图 5-15 TST 伸缩缝构造

TST 伸缩缝主要病害有开裂、破损等。

病害特征

伸缩缝开裂、破损(见图 5-16、图 5-17)。

图 5-16　TST 伸缩缝开裂、破损　　　图 5-17　TST 伸缩缝开裂

产生原因

填充料耐久性不足,长期受车辆荷载冲击导致破损。

养护对策

(1)对于局部开裂的伸缩缝,可直接对裂缝进行封闭处理。

(2)对于局部破损的伸缩缝,可进行开槽修复处理。

(3)对于破损严重的伸缩缝,进行更换处理。

5.3　护栏

桥梁护栏是指设置于桥梁上的护栏。其目的是为了防止失控车辆越出桥外,具有使车辆不能突破、下穿、翻越桥梁以及美化桥梁建筑的功能。

划分桥梁护栏类型的方法很多,除按设置位置划分外,还可按构造特征、防撞性能等划分。按设置位置可分为桥侧护栏、桥梁中央分隔带护栏和人行道、车道分界处护栏;按构造特征可分为梁柱式(金属制和混凝土制)护栏、钢筋混凝土墙式护栏和组合式护栏;按防撞性能可分为刚性护栏、半刚性护栏和柔性护栏。

受车辆的直接撞击以及环境等各方面的因素影响,许多桥梁的护栏都存在钢筋锈胀,混凝土剥落,钢管锈蚀、倾斜、倒塌以及缺失等病害。出现病害的护栏不仅影响桥梁的美观,更影响行人及通行车辆的安全,因此必须加强护栏的养护工作。

5.3.1　混凝土墙式防撞护栏

1.防撞护栏钢筋锈胀、混凝土破损

病害特征

防撞护栏局部钢筋锈胀、混凝土剥落(见图5-18、图5-19)。

图 5-18　钢筋锈胀、混凝土剥落　　　图 5-19　混凝土破损,钢筋外露

产生原因

(1)钢筋锈胀是由混凝土保护层厚度不足引起的。

(2)在冰冻地区,采用工业盐做融雪剂进行桥面融冰、融雪,导致钢筋锈胀。

养护对策

先对锈胀的钢筋进行除锈、防锈处理,然后采用高强混凝土恢复保护层。

2.防撞护栏混凝土竖向开裂

病害特征

护栏每隔数米即出现一条锯齿状竖向裂缝(见图5-20)。

图 5-20　护栏竖向开裂

产生原因

（1）梁板与护栏混凝土存在龄期差，导致护栏在收缩时受到梁板的约束，从而形成干缩裂缝。

（2）护栏未在梁端断开，梁板伸缩导致护栏竖向开裂。

养护对策

（1）在出现竖向裂缝的位置进行竖向切割，释放收缩应力。

（2）施工时注意护栏在梁端应断开。

3.防撞护栏钢管锈蚀

病害特征

钢管表面油漆脱落，金属面锈蚀（见图 5-21、图 5-22）。

图 5-21　护栏钢管油漆老化

图 5-22　护栏钢管锈蚀

产生原因

油漆老化，钢管失去防护直接与大气层接触，导致钢管锈蚀。

养护对策

对锈蚀的钢管进行除锈、打磨处理，然后进行新的防护处理。

4. 防撞护栏钢管变形、缺失

病害特征

钢管变形、缺失（见图 5-23、图 5-24）。

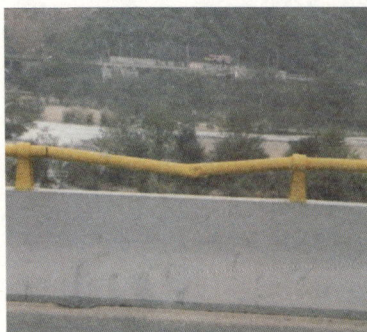

图 5-23　钢管弯曲、变形　　　　图 5-24　钢管缺失

产生原因

护栏钢管受车辆直接撞击而变形、缺失。

养护对策

直接对变形、缺失的钢管进行重新更换处理。

5.3.2　简易（牛栏式）护栏断裂、缺失

病害特征

简易栏杆断裂、缺失，影响行车的安全性（见图 5-25、图 5-26）。

图 5-25　简易护栏断裂、缺失

产生原因

简易栏杆防撞能力是按照人扶靠产生的推力进行设计的,基本不能防撞。栏杆断裂、缺失大多是由车辆直接撞击导致的。

养护对策

由于简易护栏防撞能力极差,应在公路桥梁上直接将其更换成防撞能力较好的波形护栏或者钢筋混凝土墙式防撞护栏。

5.3.3　石质护栏

1. 石质栏杆断裂

病害特征

石质栏杆底部或者其他部位断裂(见图 5-27、图 5-28)。

图 5-27　栏杆立柱上部断裂　　　　图 5-28　栏杆立柱端部断裂

产生原因

石质栏杆使用了属于脆性材料,在外力作用下很容易断裂,主要原因有:

(1)车辆直接撞击或者其他物体撞击,造成栏杆断裂。

(2)梁端顶部栏杆未断开,梁板伸缩导致栏杆拉裂。

养护对策

(1)对于因车辆等外力直接作用而开裂的栏杆,直接进行更换。

(2)对于因未设置断缝引起开裂的栏杆,应在更换的同时,考虑设置断缝。

2.石质栏杆局部破损、缺失

病害特征

石质栏杆立柱破损、横杆缺失等(见图 5-29、图 5-30)。

图 5-29　石质栏杆柱帽破损　　图 5-30　石质栏杆横杆缺失

产生原因

石质栏杆属于脆性材料,在外力作用下很容易破损、缺失,主要原因有:

车辆直接撞击或者其他物体撞击,造成栏杆破损、缺失。

养护对策

对破损、缺失的栏杆直接进行更换。

5.4　桥面排水系统

5.4.1　纵横坡排水

病害特征

桥面中间排水不畅,易产生积水(见图 5-31、图 5-32)。

图 5-31　大跨径桥梁桥面积水(一)　图 5-32　大跨径桥梁桥面积水(二)

产生原因

对于大跨径及宽度较大的桥梁,桥面在雨天容易排水不畅、产生积水,这主要是由于桥面未按规范设置横坡,桥面水流不能及时向两边排走。

养护对策

在下次桥面铺装层维修时,做好横坡。

5.4.2　排水管道

病害特征

排水管堵塞,护栏内侧桥面排水不畅,易产生积水(见图5-33、图 5-34)。

图 5-33　泄水孔堵塞

图 5-34　护栏内侧积水

产生原因

排水管道被砂石堵塞,没有及时清理,导致桥面雨水不能快速从管道内流走,留积在桥面上。

养护对策

在日常养护中,及时清理排水管道内的砂石。

5.5　人行道

病害特征

人行道混凝土和道砖破损、缺失(见图 5-35、图 5-36)。

图 5-35　人行道混凝土破损

图 5-36　人行道道砖破损

产生原因

（1）人行道混凝土破损是车辆驶入人行道，或是桥头接线人行道不均匀沉降引起的；

（2）人行道道砖破损，是由于施工质量不到位，人行道排水不畅，垫层松散破坏，面砖松动脱落。

养护对策

重新铺砌破损的人行道道砖。

5.6 照明、标志

5.6.1 照明

病害特征

照明设施破损、灯柱锈蚀（见图 5-37、图 5-38）。

图 5-37 照明设施年久失修、破损

图 5-38 灯柱锈蚀

产生原因

（1）照明设施破损是年久失修引起的；

（2）灯柱倾斜是外力撞击（如车辆撞击）引起的。

养护对策

重新更换有问题的照明设施，加强日常维护工作。

5.6.2　标志和标线

1. 标志破损、缺失

病害特征

桥铭牌，限高、限载标志破损或缺失（见图 5-39、图 5-40）。

图 5-39　限高标志弯曲　　　　图 5-40　限高标志破损

产生原因

桥铭牌、限高限载标志破损是外力撞击（如车辆、船只撞击）引起的。

养护对策

重新更换破损的桥铭牌及限高限载标志设施，加强日常维护工作。

2. 标线磨损

病害特征

标线磨损、不清晰（见图 5-41）。

图 5-41　标线磨损严重

产生原因

因桥上标线长期受车辆摩擦作用以及材料老化,标线局部磨损严重、脱落。

养护对策

适时重新画标线。

6 桥梁检查评定与养护

6.1 桥梁检查的一般规定

桥梁检查分为经常检查、定期检查和特殊检查。

(1)经常检查:主要指对桥面设施、上部结构、下部结构及附属构造物的技术状况进行的检查。

(2)定期检查:为评定桥梁使用功能,制定管理养护计划提供基本数据,而对桥梁主体结构及其附属构造物的技术状况进行的全面检查。它为桥梁养护管理系统搜集结构技术状态的动态数据。

(3)特殊检查:是查清桥梁的病害原因、破损程度、承载能力、抗灾能力,确定桥梁技术状况的工作。

特殊检查分为专门检查和应急检查。

①专门检查:根据经常检查和定期检查的结果,对需要进一步判明损坏原因、缺损程度或使用能力的桥梁,针对病害进行专门的现场试验检测、验算与分析等鉴定工作。

②应急检查:当桥梁受到灾害性损伤后,为了查明破损状况,采取应急措施,组织恢复交通,而对结构进行的详细检查和鉴定工作。

6.1.1 经常检查

经常检查的周期根据桥梁技术状况而定,一般每月不得少于一次,汛期应加强不定期检查。

经常检查应包括下列内容：

（1）外观是否整洁，有无杂物堆积、杂草蔓生。构件表面的涂装层是否完好，有无损坏、老化变色、开裂、起皮、剥落、锈迹。

（2）桥面铺装层是否平整，有无裂缝、局部坑槽、积水、沉陷、波浪、碎边。混凝土桥面是否有剥离、渗漏，钢筋是否露筋、锈蚀，缝料是否老化、损坏，桥头有无跳车。

（3）排水设施是否良好，桥面泄水管是否堵塞和破损。

（4）伸缩缝是否堵塞卡死，连接部件有无松动、脱落、局部破损。

（5）人行道、缘石、栏杆、扶手、防撞护栏和引道护栏（柱）有无撞坏、断裂、松动、错位、缺件、剥落、锈蚀等。

（6）观察桥梁结构有无异常变形，异常的竖向振动、横向摆动等情况。若有，则检查各部件的技术状况，查找异常原因。

（7）支座是否有明显缺陷，活动支座是否灵活，位移量是否正常。支座的经常检查一般可以每季度进行一次。

（8）桥位区段河床冲淤变化情况。

（9）基础是否受到冲刷损坏、外露、悬空、下沉，墩台及基础是否受到生物腐蚀。

（10）墩台是否受到船只或漂浮物撞击而受损。

（11）翼墙（侧墙、耳墙）有无开裂、倾斜、滑移、沉降、风化剥落或异常变形。

（12）锥坡、护坡、调治构造物有无塌陷，铺砌面有无缺损、勾缝脱落、灌木杂草丛生。

（13）交通信号、标志、标线、照明设施以及桥梁其他附属设施是否完好。

（14）其他显而易见的损坏或病害。

6.1.2 定期检查

定期检查的时间应符合下列规定：

（1）定期检查周期根据桥梁技术状况确定，最长不得超过三年。新建桥梁交付使用一年后，需进行第一次全面检查。临时桥梁每年检查不少于一次。

（2）在经常检查中,发现重要部(构)件的缺损明显达到 3、4、5 类技术状况时,应立即安排一次定期检查。

1.桥面系构造的检查

检查内容

（1）桥面铺装层纵、横坡是否顺适,有无严重的裂缝(龟裂、纵横裂缝)、坑槽、波浪、桥头跳车、防水层漏水。

（2）伸缩缝是否有异常变形、破损、脱落、漏水,是否造成明显的跳车。

（3）人行道构件、栏杆、护栏有无撞坏、断裂、错位、缺件、剥落、锈蚀等。

（4）桥面排水是否顺畅,泄水管是否完好、畅通,桥头排水沟功能是否完好,锥坡有无冲蚀、塌陷。

（5）桥上交通信号、标志、标线、照明设施是否损坏、老化、失效,是否需要更换。

（6）桥上避雷装置是否完善,避雷系统性能是否良好。

（7）桥上航空灯、航道灯是否完好,能否保证正常照明。结构物内供养护检修的照明系统是否完好。

（8）桥上的路用通信、供电线路及设备是否完好。

2.钢筋混凝土和预应力混凝土梁桥的检查

检查内容

（1）梁端头、底面是否损坏,箱形梁内是否有积水,通风是否良好。

（2）混凝土钢筋有无裂缝、渗水、表面风化、剥落、露筋和钢筋锈蚀,有无碱集料反应引起的整体龟裂现象。混凝土表面有无严重碳化。

（3）预应力钢束锚固区段混凝土有无开裂,沿预应力筋的混凝土表面有无纵向裂缝。

（4）梁(板)式结构的跨中、支点及变截面处,悬臂端牛腿或中间铰部位,刚构的固结处和桁架节点部位,混凝土是否开裂、缺损或出现钢筋锈蚀。

(5)装配式梁桥应注意检查联结部位的缺损状况。

①组合梁的桥面板与梁的结合部位及预制桥面板之间的接头处,混凝土有无开裂、渗水。

②横向联结构件是否开裂,连接钢板的焊缝有无锈蚀、断裂,边梁有无横移或向外倾斜。

3.拱桥的检查

检查内容

(1)主拱圈的拱板或拱肋是否开裂。钢筋混凝土拱有无露筋、钢筋锈蚀。圬工拱桥砌块有无压碎、局部掉块,砌缝有无脱离或脱落、渗水,表面有无苔藓、草木滋生,拱铰工作是否正常。空腹拱的小拱有无较大的变形、开裂、错位,立墙或立柱有无倾斜、开裂。

(2)拱上立柱(或立墙)上下端、盖梁和横系梁的混凝土有无开裂、剥落、露筋和钢筋锈蚀。中、下承式拱桥的吊杆上下锚固区的混凝土有无开裂、渗水,吊杆锚头附近有无锈蚀现象,外罩是否有裂纹、锚头夹片、楔块是否发生滑移,吊杆钢索有无断丝。采用型钢或钢管混凝土芯的劲性骨架拱桥,混凝土是否沿骨架出现纵向或横向裂缝。

(3)拱的侧墙与主拱圈间有无脱落,侧墙有无鼓突变形、开裂。实腹拱上填料有无沉陷,肋拱桥的肋间横向联结是否开裂、表面剥落、钢筋外露或锈蚀等。

(4)双曲拱桥拱肋间横向联结拉杆是否松动或断裂,拱波与拱肋结合处是否开裂、脱开,拱波之间砂浆有无松散脱落,拱波顶是否开裂、渗水等。

(5)薄壳拱桥壳体纵、横向及斜向是否出现裂缝及系杆是否开裂。

(6)系杆拱的系杆是否开裂,无混凝土包裹的系杆是否有锈蚀。

（7）钢管混凝土拱桥裸露部分的钢管及构件检查参见钢桥检查有关内容，同时还应检查管内混凝土是否填充密实。

4. 钢桥的检查

检查内容

（1）构件（特别是受压构件）是否扭曲变形、局部损伤。

（2）铆钉和螺栓有无松动、脱落或断裂，节点是否滑动、错裂。

（3）焊缝边缘（热影响区）有无裂纹或脱开。

（4）油漆层有无裂纹、起皮、脱落，构件有无锈蚀。

（5）钢箱梁封闭环境中的湿度是否符合要求，除湿设施是否工作正常。

5. 通道、跨线桥与高架桥的检查

检查内容

通道、跨线桥与高架桥的结构检查同其他一般公路桥梁。对于通道还应检查通道内有无积水，机械排水的泵站是否完好，排水系统是否畅通。对于跨线桥、高架桥还应检查防抛网、隔音墙是否完好。通道、跨线桥与高架桥下的道面是否完好，有无非法占用情况等。

6. 悬索桥和斜拉桥的检查

检查内容

（1）检查索塔高程、塔柱倾斜度、桥面高程及梁体纵向位移，注意是否有异常变位。

（2）检测索体振动频率、索力有无异常变化，索体振动频率观测应在多种典型气候下进行，观测周期不超过 6 年。

（3）主梁或加劲梁的检查，按预应力混凝土及钢结构的相应要求进行。

（4）悬索桥的锚碇及锚杆有无异常的拔动，锚头、散索鞍有无锈蚀破损，锚室（锚洞）有无开裂、变形、积水，温湿度是否符合要求。

（5）主缆、吊杆及斜拉索的表面封闭、防护是否完好，有无破损、老化。

(6)悬索桥的索鞍是否有异常的错位、卡死、辊轴歪斜,构件是否锈蚀、破损,主缆索跨过索鞍部分是否有挤扁现象。

(7)悬索桥吊杆上端与主缆索的索夹是否松动、移位或破损,下端与梁连接的螺栓有无松动。

(8)逐束检测索体是否开裂、鼓胀及变形,必要时可剥开护套检查索内干湿情况和钢索的锈蚀情况。检查后应做好保护套剥开处的防护处理。

(9)逐个检查锚具及周围混凝土的情况,锚具是否渗水、锈蚀,是否有锈水流出的痕迹,周围混凝土是否开裂。必要时可打开锚具后盖抽查锚杯内是否积水、潮湿,防锈油是否结块、乳化失效,锚杯是否锈蚀。

(10)逐个检查索端出索处钢护筒、钢管与索套管连接处的外观情况。检查钢护筒是否松动脱落、锈蚀、渗水,抽查连接处钢护筒内防水垫圈是否老化失效,筒内是否潮湿积水。

(11)索塔的爬梯、检查门、工作电梯是否可靠安全,塔内的照明系统是否完好。

7.支座的检查

检查内容

(1)支座组件是否完好、清洁,有无断裂、错位、脱空。

(2)活动支座是否灵活,实际位移量是否正常,固定支座的锚销是否完好。

(3)支承垫石是否有裂缝。

(4)简易支座的油毡是否老化、破裂或失效。

(5)橡胶支座是否老化、开裂,有无过大的剪切变形或压缩变形,各夹层钢板之间的橡胶层外凸是否均匀。

(6)四氟滑板支座是否脏污、老化,四氟乙烯板是否完好,橡胶块是否滑出钢板。

(7)盆式橡胶下座的固定螺栓是否剪断,螺母是否松动,钢盆外露部分是否锈蚀,防尘罩是否完好。

(8)组合式钢支座是否干涩、锈蚀,固定支座的锚栓是否紧固,销板或销钉是否完好。

(9)摆柱支座各组件相对位置是否准确,受力是否均匀。

(10)辊轴支座的辊轴是否出现不允许的爬动、歪斜。

(11)摇轴支座是否倾斜。

(12)钢筋混凝土摆柱支座的柱体有无混凝土脱皮、开裂、露筋,钢筋及钢板有无锈蚀。

8.墩台与基础的检查

检查内容

(1)墩台及基础有无滑动、倾斜、下沉或冻拔。

(2)台背填土有无沉降或挤压隆起。

(3)混凝土墩台及帽梁有无冻胀、风化、开裂、剥落、露筋等。

(4)石砌墩台有无砌块断裂、通缝脱开、变形,砌体泄水孔是否堵塞,防水层是否损坏。

(5)墩台顶面是否清洁,伸缩缝处是否漏水。

(6)基础下是否发生不许可的冲刷或掏空现象,扩大基础的地基有无侵蚀。桩基顶段在水位涨落、干湿交替变化处有无冲刷磨损、颈缩、露筋,有无环状冻裂,是否受到污水、咸水或生物的腐蚀。必要时对大桥、特大桥的深水基础应派潜水员潜水检查。

6.1.3 特殊检查

特殊检查应委托有相应资质和能力的单位承担。

在下列情况下应做特殊检查:

(1)定期检查中难以判明损坏原因的桥梁。

(2)桥梁技术状况为4、5类者。

(3)拟通过加固手段提高荷载等级的桥梁。

(4)条件许可时,对于特殊重要的桥梁在正常使用期间可周期性进行荷载试验。

桥梁遭受洪水、流冰、滑坡、漂流物或船舶撞击以及地震、风灾伤害,或因超重车辆通过以及其他异常情况影响造成损害时,应进行应急检查。

6.2 桥梁评定

6.2.1 桥梁技术状况评定方法

桥梁技术状况评定采用分层综合评定与 5 类桥梁单项控制指标评定相结合的方法,先对桥梁各构件进行评定,然后对桥梁各部件进行评定,再对桥面系、上部结构和下部结构分别进行评定,最后进行桥梁总体技术状况的评定。评定指标如图 6-1 所示。

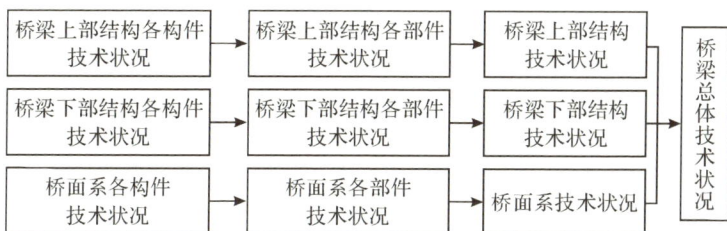

图 6-1 桥梁技术状况评定指标

当单个桥梁存在不同结构形式时,可根据结构形式的分布情况划分评定单元,分别对子评定单元进行桥梁技术状况的等级评定。

6.2.2 桥梁技术状况等级分类

(1)桥梁部件分为主要部件和次要部件。各结构桥梁主要部件见表 6-1,其他部件为次要部件。

表 6-1 各结构类型桥梁主要部件

序号	结构类型	主要部件
1	梁式桥	上部承重构件、桥墩、桥台、基础、支座
2	箱形拱桥、双曲拱桥	主拱圈、拱上结构、桥面板、桥墩、桥台、基础
3	刚架拱桥、桁架拱桥	刚架(桁架)拱片、横向联结系、桥面板、桥墩、桥台、基础
4	钢混凝土组合拱桥	拱肋、横向联结系、立柱、吊杆、系杆、行车道板(梁)、支座
5	悬索桥	主缆、吊索、加劲梁、索塔、锚锭、桥墩、桥台、基础、支座
6	斜拉桥	斜拉索(索、锚具)、主梁、索塔、桥墩、桥台、基础、支座

(2)桥梁总体技术状况评定等级分为 1 类、2 类、3 类、4 类、5 类。桥梁总体技术状况评定等级见表 6-2。

表 6-2　桥梁总体技术状况评定等级

技术状况 评定等级	桥梁技术状况描述
1 类	全新状态、功能完好
2 类	有轻微缺损,对桥梁使用功能无影响
3 类	有中等缺损,尚能维持正常使用功能
4 类	主要构件有大的缺损,严重影响桥梁使用功能,或影响承载能力,不能保证正常使用
5 类	主要构件存在严重缺损,主要构件不能正常使用,危及桥梁安全,桥梁处于危险状态

(3)桥梁主要部件技术状况评定标度分为 1 类、2 类、3 类、4 类、5 类。桥梁主要部件技术状况评定标度见表 6-3。

表 6-3　桥梁主要部件技术状况评定标度

技术状况 评定标度	桥梁主要部件技术状况描述
1 类	全新状态、功能完好
2 类	功能良好,材料有局部轻度缺损或污染
3 类	材料有中等缺损,或出现轻度功能性病害,但发展缓慢,部件尚能维持正常使用功能
4 类	材料有严重缺损,或出现中等功能性病害,且发展较快;结构变形小于或等于规范值,功能明显降低
5 类	材料严重缺损,出现严重的功能性病害,且有继续扩展现象;关键部位的部分材料强度达到极限,变形大于规范值,结构的强度、刚度、稳定性不能达到安全通行的要求

(4)桥梁次要部件技术状况评定标度分为 1 类、2 类、3 类、4 类、5 类。桥梁次要部件技术状况评定标度见表 6-4。

表 6-4　桥梁次要部件技术状况评定标度

技术状况 评定标度	桥梁次要部件技术状况描述
1 类	全新状态,功能完好;或功能良好,材料有轻度缺损、污染等
2 类	材料有中等缺损或污染
3 类	材料有严重缺损,功能降低,进一步恶化将不利于主要部件、影响正常交通
4 类	材料有严重缺损,失去应有功能,严重影响正常交通;或原无相关部件的设置,而调查需要补设

6.2.3　桥梁技术状况评定工作流程

桥梁技术状况评定工作流程如图 6-2 所示。

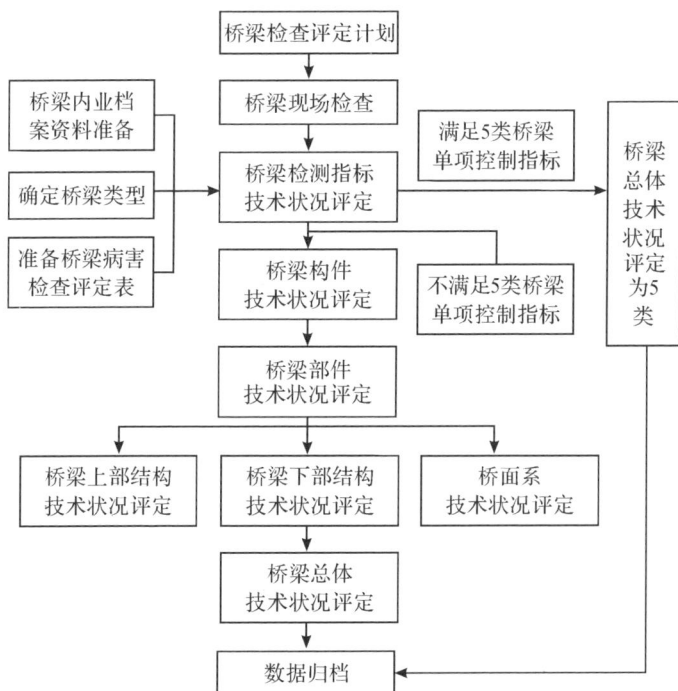

图 6-2　桥梁技术状况评定工作流程

6.2.4 桥梁技术状况评定

1. 桥梁技术状况评定计算

（1）桥梁构件的技术状况评分，按下式计算。

$$PMCI_l（BMCI_l \text{ 或 } DMCI_l）= 100 - \sum_{x=1}^{k} U_x$$

当 $x = 1$ 时，$U_1 = DP_{i1}$

当 $x \geqslant 2$ 时，$U_x = \dfrac{DP_{ij}}{100 \times \sqrt{x}} \times \left(100 - \sum_{y=1}^{x-1} U_y\right)$，其中 $j = x$

当 $DP_{ij} = 100$ 时，$PMCI_l（BMCI_l \text{ 或 } DMCI_l）= 0$

式中：$PMCI_l$——上部结构第 i 类部件的 l 构件的得分，值域为 $0 \sim 100$ 分；

$BMCI_l$——下部结构第 i 类部件的 l 构件的得分，值域为 $0 \sim 100$ 分；

$DMCI_l$——桥面系第 i 类部件的 l 构件的得分，值域为 $0 \sim 100$ 分；

k——第 i 类部件 l 构件出现扣分的指标的种类数；

U、x、y——引入的变量；

i——部件类别，例如 i 表示上部承重构件、支座、桥墩等；

j——第 i 类部件 l 构件的第 j 类检测指标；

DP_{ij}——第 i 类部件 l 构件的第 j 类检测指标的扣分值；根据构件各种检测指标扣分值进行计算，扣分值按表6-5规定取值。

表6-5　构件各检测指标扣分值

检测指标所能达到的最高标度类别	1类	2类	3类	4类	5类
3类	0	20	35	—	—
4类	0	25	40	50	—
5类	0	35	45	60	100

（2）桥梁部件的技术状况评分，按下式计算。

$$PCCI_i = \overline{PMCI} - (100 - PMCI_{\min})/t$$

$$\text{或 } BCCI_i = \overline{BMCI} - (100 - BMCI_{\min})/t$$

$$\text{或 } DCCI_i = \overline{DMCI} - (100 - DMCI_{\min})/t$$

式中：$PCCI_i$——上部结构第 i 类部件的得分，值域为 $0 \sim 100$ 分；当上部结构中的主要部件某一构件评分值 $PMCI_l$ 在 $[0,60)$ 区间时，其相应的部件评分值 $PCCI_i = PMCI_l$；

$\overline{PMCI}$——上部结构第 i 类部件各构件的得分平均值，值域为 0 ~ 100 分；

$BCCI_i$——下部结构第 i 类部件的得分，值域为 0 ~ 100 分；

当下部结构中的主要部件某一构件评分值 $BMCI_i$ 在 $[0,60]$ 区间时，其相应的部件评分值 $BCCI_i = BMCI_i$；

$BMCI$——下部结构第 i 类部件各构件的得分平均值，值域为 0 ~ 100 分；

$DCCI_i$——桥面系第 i 类部件的得分，值域为 0 ~ 100 分；

$DMCI$——桥面系第 i 类部件各构件的得分平均值，值域为 0 ~ 100 分；

$PMCI_{min}$——上部结构第 i 类部件中分值最低的构件得分值；

$BMCI_{min}$——下部结构第 i 类部件中分值最低的构件得分值；

$DMCI_{min}$——桥面系第 i 类部件中分值最低的构件得分值；

t——随构件的数量而变的系数，见表 6-6。

表 6-6 t 值

n（构件数）	t	n（构件数）	t
1	∞	20	6.6
2	10	21	6.48
3	9.7	22	6.36
4	9.5	23	6.24
5	9.2	24	6.12
6	8.9	25	6.00
7	8.7	26	5.88
8	8.5	27	5.76
9	8.3	28	5.64
10	8.1	29	5.52
11	7.9	30	5.4
12	7.7	40	4.9
13	7.5	50	4.4
14	7.3	60	4.0
15	7.2	70	3.6
16	7.08	80	3.2
17	6.96	90	2.8
18	6.84	100	2.5
19	6.72	$\geqslant 200$	2.3

注：1. n 为第 i 类部件的构件总数。

2. 表中未列出的 t 值采用内插法计算。

（3）桥梁上部结构、下部结构、桥面系的技术状况评分按下式计算。

$$SPCI(SBCI \text{ 或 } BDCI) = \sum_{i=1}^{m} PCCI_i(BCCI_i \text{ 或 } DCCI_i) \times w_i$$

式中：$SPCI$——桥梁上部结构技术状况评分，值域为 $0 \sim 100$；

$SBCI$——桥梁下部结构技术状况评分，值域为 $0 \sim 100$；

$BDCI$——桥面系技术状况评分，值域为 $0 \sim 100$；

m——上部结构（下部结构或桥面系）的部件种类数；

w_i——第 i 类部件的权重，按表 6-8 ～ 表 6-13 的规定取值；对于桥梁中未设置的部件，应根据此部件的隶属关系，将其权重值分配给各既有部件，分配按照各既有部件权重在全部既有部件权重中所占比例进行。

（4）桥梁总体的技术状况评分，按下式计算。

$$D_r = BDCI \times W_D + SPCI \times W_{SP} + SBCI \times W_{SB}$$

式中：D_r——桥梁总体技术状况评分，值域为 $0 \sim 100$；

W_D——桥面系在全桥中的权重，按表 6-14 的规定取值；

W_{SP}——上部结构在全桥中的权重，按表 6-14 的规定取值；

W_{SB}——下部结构在全桥中的权重，按表 6-14 的规定取值。

（5）桥梁技术状况分类界限宜按表 6-7 的规定取值。

表 6-7　桥梁技术状况分类界限表

技术状况评分	技术状况等级 D_j				
	1 类	2 类	3 类	4 类	5 类
D_r（$SPCI$、$SBCI$、$BDCI$）	$[95,100]$	$[80,95)$	$[60,80)$	$[40,60)$	$[0,40)$

（6）在桥梁技术状况评定时，当满足 6.2.5 节中规定的任一情况时，桥梁总体技术状况应评为 5 类。

（7）当上部结构和下部结构技术状况等级为 3 类、桥面系技术状况等级为 4 类，且桥梁总体技术状况评分为 $40 \leqslant D_r < 60$ 时，桥梁总体技术状况等级应评定为 3 类。

（8）桥梁总体技术状况等级评定时,当主要部件评分达到4类或5类且影响桥梁安全时,可按照桥梁主要部件最差的缺损状况评定。

2.各结构形式桥梁部件分类及权重值

（1）梁式桥各部件权重值宜按表6-8的规定取值。

表 6-8　梁式桥各部件权重值

部位	类别(i)	部件名称	权重(w_i)
上部结构	1	上部承重构件	0.70
	2	上部一般构件	0.18
	3	支座	0.12
下部结构	4	翼墙、耳墙	0.02
	5	锥坡、护坡	0.01
	6	桥墩	0.30
	7	桥台	0.30
	8	墩台基础	0.28
	9	河床	0.07
	10	调治结构物	0.02
桥面系	11	桥面铺装	0.40
	12	伸缩缝装置	0.25
	13	人行道	0.10
	14	栏杆、护栏	0.10
	15	排水系统	0.10
	16	照明、标志	0.05

（2）拱式桥各部件权重值宜按表6-9～表6-11的规定取值。

表 6-9　**板拱桥、肋拱桥、箱形拱桥、双曲拱桥各部件权重值**

部位	类别(i)	部件名称	权重(w_i)
上部结构	1	主拱圈	0.70
	2	拱上结构	0.20
	3	桥面板	0.10
下部结构	4	翼墙、耳墙	0.02
	5	锥坡、护坡	0.01
	6	桥墩	0.30
	7	桥台	0.30
	8	墩台基础	0.28
	9	河床	0.07
	10	调治结构物	0.02
桥面系	11	桥面铺装	0.40
	12	伸缩缝装置	0.25
	13	人行道	0.10
	14	栏杆、护栏	0.10
	15	排水系统	0.10
	16	照明、标志	0.05

表 6-10　**刚架拱桥、桁架拱桥各部件权重值**

部位	类别(i)	部件名称	权重(w_i)
上部结构	1	刚架拱片(桁架拱片)	0.50
	2	横向联结系	0.25
	3	桥面板	0.25
下部结构	4	翼墙、耳墙	0.02
	5	锥坡、护坡	0.01
	6	桥墩	0.30
	7	桥台	0.30
	8	墩台基础	0.28
	9	河床	0.07
	10	调治结构物	0.02
桥面系	11	桥面铺装	0.40
	12	伸缩缝装置	0.25
	13	人行道	0.10
	14	栏杆、护栏	0.10
	15	排水系统	0.10
	16	照明、标志	0.05

表 6-11 钢一混凝土组合拱桥各部件权重值

部位	类别(i)	部件名称	权重(w_i)
上部结构	1	拱肋	0.28
	2	横向联结系	0.05
	3	立柱	0.13
	4	吊杆	0.13
	5	系杆(含锚具)	0.28
	6	桥面板(梁)	0.08
	7	支座	0.05
下部结构	8	翼墙、耳墙	0.02
	9	锥坡、护坡	0.01
	10	桥墩	0.30
	11	桥台	0.30
	12	墩台基础	0.28
	13	河床	0.07
	14	调治结构物	0.02
桥面系	15	桥面铺装	0.40
	16	伸缩缝装置	0.25
	17	人行道	0.10
	18	栏杆、护栏	0.10
	19	排水系统	0.10
	20	照明、标志	0.05

(3)悬索桥各部件权重值宜按表 6-12 的规定取值。

表 6-12　悬索桥各部件权重值

部位	类别(i)	部件名称	权重(w_i)
上部结构	1	加劲梁	0.15
	2	索塔	0.20
	3	支座	0.05
	4	主鞍	0.04
	5	主缆	0.25
	6	索夹	0.04
	7	吊索及钢护筒	0.17
	8	锚杆	0.10
下部结构	9	翼墙、耳墙	0.02
	10	锥坡、护坡	0.01
	11	桥墩	0.30
	12	桥台	0.30
	13	墩台基础	0.28
	14	河床	0.07
	15	调治结构物	0.02
桥面系	16	桥面铺装	0.40
	17	伸缩缝装置	0.25
	18	人行道	0.10
	19	栏杆、护栏	0.10
	20	排水系统	0.10
	21	照明、标志	0.05

（4）斜拉桥各部件权重值宜按表 6-13 的规定取值。

表 6-13　斜拉桥各部件权重值

部位	类别（i）	部件名称	权重（w_i）
上部结构	1	斜拉索系统（斜拉索、锚具、拉索护套、减震装置等）	0.40
	2	主梁	0.25
	3	索塔	0.25
	4	支座	0.10
下部结构	5	翼墙、耳墙	0.02
	6	锥坡、护坡	0.01
	7	桥墩	0.30
	8	桥台	0.30
	9	墩台基础	0.28
	10	河床	0.07
	11	调治结构物	0.02
桥面系	12	桥面铺装	0.40
	13	伸缩缝装置	0.25
	14	人行道	0.10
	15	栏杆、护栏	0.10
	16	排水系统	0.10
	17	照明、标志	0.05

（5）桥梁结构组成权重值宜按表 6-14 的规定取值。

表 6-14　桥梁结构组成权重表

桥梁部位	权重
上部结构	0.40
下部结构	0.40
桥面系	0.20

6.2.5　5 类桥梁技术状况单项控制指标

在桥梁技术状况评价中，有下列情况之一时，整座桥应评为 5 类桥。

（1）上部结构有落梁或梁、板断裂现象。

（2）梁式桥上部承重构件控制截面全截面开裂；或组合结构上部承重构件结合面开裂贯通，造成截面组合作用严重降低。

（3）梁式桥上部承重构件有严重的异常位移，存在失稳现象。

（4）结构出现明显的永久变形，变形大于规范值。

（5）关键部位混凝土出现压碎或杆件失稳倾向；或桥面板严重塌陷。

（6）拱式桥拱脚有严重错台、位移，造成拱顶挠度大于限值；或拱圈严重变形。

（7）圬工拱桥拱圈砌体大范围断裂、脱落现象严重。

（8）腹拱、侧墙、立墙或立柱产生破坏造成桥面板严重塌落。

（9）系杆或吊杆出现严重锈蚀或断裂现象。

（10）悬索桥主缆或多根吊索严重锈蚀、断丝。

（11）斜拉桥拉索钢丝严重锈蚀、断丝，主梁严重变形。

（12）扩大基础冲刷深度大于设计值，冲空面积为20％以上。

（13）桥墩（桥台或基础）不稳定，出现严重滑动、下沉、位移、倾斜等现象。

（14）悬索桥、斜拉桥索塔基础严重沉降或位移；或悬索桥锚碇有水平位移或沉降。

6.3　养护与维修的实施

养护工作的中心任务就是坚持对桥梁进行日常检查及定期维修检测，及时修复损坏部分，保持桥梁结构良好。养护维修工作应遵从"预防为主，防治结合，日常保养和综合维修相结合"的原则，确保桥梁结构完好，桥面平整、整洁、美观，行车安全、舒适、畅通。预防性养护是指在结构或构件未发生明显病害前对其采取正常保养或小修措施，以防止病害发生或降低病害产生的速度。

桥梁养护工程包括日常养护、小修保养、中修工程、大修工程和专项工程。

日常养护和小修保养是对桥梁及其附属物进行预防性保养

和修补其轻微损坏部分,使其保持完好状态的工程项目。日常养护由监管单位的养护人员组织完成,小修保养由受委托养护单位的养护人员组织完成。

中修工程是对桥梁及其附属构造物一般性磨损或局部损坏进行定期的修理,以恢复原状况的小型工程项目。

大修工程是对桥梁及其附属构造物的较大损坏进行综合修理,以将其全面恢复到原设计标准的技术状况,或在原技术等级范围内进行局部改善和个别增建,以逐步提高其通行能力的工程项目。

专项工程包括专项抢修工程和专项修复工程。专项抢修工程是指采用临时性措施在最短的时间内恢复交通的工程措施,专项修复工程是指采用永久性措施恢复桥梁原有功能的工程措施。

日常养护和小修保养分别,由监管单位和养护单位的养护人员负责实施。中修、大修和专项工程一般由养护单位委托协助相关工作。养护与维修的实施内容如表 6-15 所示。

表 6-15　养护与维修的实施

养护工作分类	工作内容和实施组织
日常养护	桥面清洁、清理堆积物(伸缩缝内、支座处)、清理杂草、疏通排水、局部油漆涂刷。由监管单位的外业养护人员实施。日常养护通常随着日常巡检一起实施
小修保养	路面铺装的局部修补、修理混凝土局部损伤、更换支座或伸缩缝的配件、裂缝封闭、涂刷较大面积主体结构的油漆、涂刷全部附属构件的油漆、交通附属设施的维修或更换等。由受委托的养护单位的外业养护人员实施。小修工程通常每季度或每年度集中实施,具体安排由养护单位上报给监管单位,监管单位根据实际情况做出决定
中修工程	根据实际情况决策
大修工程	根据实际情况决策
专项工程	根据实际情况决策

参考文献

[1]公路桥涵养护规范:JTG H11－2004[S].北京:人民交通出版社,2004.

[2]公路桥梁技术评定标准:JTG/T H21－2011[S].北京:人民交通出版社,2011.

[3]公路钢筋混凝土及预应力混凝土桥涵设计规范:JTG D62 H21－2004[S].北京:人民交通出版社,2004.

[4]公路桥梁加固设计规范:JTG/T J22－2008[S].北京:人民交通出版社,2008.

[5]范立础.桥梁工程(上册)[M].第2版.北京:人民交通出版社,2001.

[6]顾安邦.桥梁工程(下册)[M].第2版.北京:人民交通出版社,2001.

[7]金辉.公路桥梁典型病害诊断与处治图解手册[M].北京:人民交通出版社,2015.

[8]张树仁,王宗林.桥梁病害诊断与桥梁改造加固设计[M].北京:人民交通出版社,2007.

[9]李杨海,程潮详,鲍卫刚,等.公路桥梁伸缩缝装置实用手册[M].北京:人民交通出版社,2007.

[10]徐犇.桥梁检测与维修加固百问[M].北京:人民交通出版社,2002.